F. W. ZEYLMANS
VAN EMMICHOVEN

# DER GRUNDSTEIN

F. W. ZEYLMANS VAN EMMICHOVEN, 1893 geboren, war Arzt und Psychiater. 1920 begegnete er Rudolf Steiner und wurde bei der Begründung der Anthroposophischen Gesellschaft in den Niederlanden 1923 deren langjähriger Generalsekretär. Er gründete 1927 eine Klinik bei Den Haag, hielt zahlreiche Vorträge und verstärkte insbesondere nach dem Zweiten Weltkrieg seine schriftstellerische Tätigkeit. Der Grundstein erschien erstmals 1956. Zeylmans starb am 18. November 1961 während einer Vortragsreise in Südafrika.

F. W. ZEYLMANS
VAN EMMICHOVEN

# DER GRUNDSTEIN

Verlag Freies Geistesleben

Neuausgabe 2023

auch als eBook erhältlich

**Verlag Freies Geistesleben**
Landhausstraße 82, 70190 Stuttgart
www.geistesleben.com

ISBN 978-3-7725-3309-9


Umschlagfoto: Christiane Woltmann,
Detail aus «inachevé», Décollage 2017/22
Umschlaggestaltung: Bianca Bonfert
Satz: Jannis Schäfer
Druck und Bindung: GGP Media GmbH, Pößneck
Printed in Germany

MIX
Papier aus verantwortungsvollen Quellen
FSC® C014496
FSC www.fsc.org

Klimaneutral
Druckprodukt
ClimatePartner.com/53248-2106-1005

# Inhalt

Menschenseele!
Du lebest in den Gliedern,
Die dich durch die Raumeswelt
In das Geistesmeereswesen tragen:
Übe *Geist-Erinnern*
In Seelentiefen,
Wo in waltendem
Weltenschöpfer-Sein
Das eigne Ich
Im Gottes-Ich
Erweset;
Und du wirst wahrhaft *leben*
Im Menschen-Welten-Wesen.

Denn es waltet der Vater-Geist der Höhen
In den Weltentiefen Sein-erzeugend:
Ihr Kräfte-Geister
Lasset aus den Höhen erklingen,
Was in den Tiefen das Echo findet;
Dieses spricht:
Aus dem Göttlichen weset die Menschheit.
Das hören die Geister in Ost, West, Nord, Süd:
Menschen mögen es hören.

Menschenseele!
Du lebest in dem Herzens-Lungen-Schlage,
Der dich durch den Zeitenrhythmus
In's eigne Seelenwesensfühlen leitet:
Übe *Geist-Besinnen*
Im Seelengleichgewichte,
Wo die wogenden
Welten-Werde-Taten
Das eigne Ich
Dem Welten-Ich

Vereinen;
Und du wirst wahrhaft *fühlen*
Im Menschen-Seelen-Wirken.

Denn es waltet der Christus-Wille im Umkreis
In den Weltenrhythmen Seelen-begnadend;
Ihr Lichtes-Geister
Lasset vom Osten befeuern,
Was durch den Westen sich formet;
Dieses spricht:
In dem Christus wird Leben der Tod.
Das hören die Geister in Ost, West, Nord, Süd:
Menschen mögen es hören.

Menschenseele!
Du lebest im ruhenden Haupte,
Das dir aus Ewigkeitsgründen
Die Weltgedanken erschließet:
Übe *Geist-Erschauen*
In Gedanken-Ruhe,
Wo die ew'gen Götterziele
Welten-Wesens-Licht
Dem eignen Ich
Zu freiem Wollen
Schenken;
Und du wirst wahrhaft *denken*
In Menschen-Geistes-Gründen.

Denn es walten des Geistes Weltgedanken
Im Weltenwesen Licht-erflehend.
Ihr Seelen-Geister
Lasset aus den Tiefen erbitten,
Was in den Höhen erhöret wird:
Dieses spricht:

In des Geistes Weltgedanken erwachet die Seele.
Das hören die Geister in Ost, West, Nord, Süd:
Menschen mögen es hören.

In der Zeiten Wende
Trat das Welten-Geistes-Licht
In den irdischen Wesensstrom;
Nacht-Dunkel
Hatte ausgewaltet;
Taghelles Licht
Erstrahlte in Menschenseelen;
Licht,
Das erwärmet
Die armen Hirtenherzen;
Licht,
Das erleuchtet
Die weisen Königshäupter.

Göttliches Licht,
Christus-Sonne
Erwärme
Unsere Herzen;
Erleuchte
Unsere Häupter;
Dass gut werde,
Was wir
Aus Herzen gründen,
Was wir
Aus Häuptern führen
Wollen.

(Wortlaut der Grundstein-Meditation, wie er von Rudolf Steiner im Nachrichtenblatt Nr. 1 vom 13. 1. 1924 den Mitgliedern der Allgemeinen Anthroposophischen Gesellschaft mitgeteilt wurde. Siehe: *Die Weihnachtstagung zur Begründung der Allgemeinen Anthroposophischen Gesellschaft 1923/1924*, GA 260, Dornach [5]1994.)

# Einleitung

Die Grundsteinlegung der Allgemeinen Anthroposophischen Gesellschaft konnte als ein Mysterium erlebt werden, dessen Tiefe sich erst im Laufe der Zeit für die Menschheit wird offenbaren können. Der Gesellschaft eine Form zu geben, «wie sie die anthroposophische Bewegung zu ihrer Pflege braucht»: mit diesen Worten charakterisierte Rudolf Steiner die damalige Aufgabe. Wenige Monate später sprach er in Arnheim von der Neugründung, der «eigentlichen Gründung der Allgemeinen Anthroposophischen Gesellschaft».[1] Das Ereignis der Weihnachtstagung von 1923 könnte nicht richtig beurteilt werden, wenn man in ihr eine Angelegenheit sähe, die nur für den Kreis der Mitglieder von Wichtigkeit ist. Der Sinn dieses Mysteriums, namentlich der Grundsteinlegung, ist von viel größerer Reichweite. Es soll versucht werden, etwas von diesem Sinn darzustellen. Manches wird zunächst nur angedeutet werden können, und das Wichtigste lässt sich wohl überhaupt nicht in feste Form bringen, weil es sich um etwas Fortwirkendes handelt, das sich erst in ferner Zukunft voll offenbaren kann. Doch vielleicht wird zwischen den Zeilen ein Bild dieses Zukünftigen aufleben können.

Die Grundsteinlegung von 1923 steht nicht für sich allein, als abgesondertes Einzel-Ereignis vor unseren Augen; sie ist eine Tat, die sich am besten im Zusammenhang mit einer Reihe von Vorgängen betrachten lässt. Da war zunächst die Grundsteinlegung für das erste Goetheanum im September 1913, dann unmittelbar anschließend die Erschaffung dieses Baues selber, und als Abschluss jener Phase der Brand des noch nicht vollendeten Goetheanums. Ein Jahr darauf folgte dann die Grundsteinlegung zur Gründung der Allgemeinen Anthroposophischen Gesellschaft und der Freien Hochschule für Geisteswissenschaft. Neun Monate später erkrankte Rudolf Steiner und verließ nach sechsmonatigem Krankenlager den physischen Plan.

Wenn man versucht, diese in annähernd zwölf Jahren sich vollziehende Reihe von Geschehnissen im Zusammenhang zu überblicken, und dabei die Tatsache berücksichtigt, dass die moderne Menschheit am Schwellenübergang steht, dann liegt es wohl nahe, an eine Art geistigen Versuchs zu denken, eine Gruppe von Menschen durch eine Einweihung auf höhere zukünftige Aufgaben vorzubereiten. Diese Einweihung vollzog sich in den geschilderten Etappen und war besonders dadurch charakterisiert, dass sie immer größere Menschengruppen umfasste und immer deutlicher die dazukommenden Menschen als eine aus dem Geiste herausgeborene Gemeinschaft ansprach. Selbstverständlich war die hier gemeinte Einweihung für die Einzelnen schon durch viele Jahre vorbereitet. Das gesamte Lebenswerk von Rudolf Steiner, beginnend in den 80er-Jahren des 19. Jahrhunderts, war dieser Aufgabe gewidmet.[2]

Es wurde ein Keim gelegt für die eigentlich moderne Einweihung, die zunächst jeder Einzelne für sich durchzumachen hat, bei der aber das Wesentliche darin bestehe, dass dieser Einzelne sich umso mehr als Teil einer Totalmenschheit erlebt, wenn er sich selbst immer tiefer kennenlernt. Das Ich des Menschen wird vorbereitet, Träger des Menschheits-Ichs zu werden. Der Mensch wird zur Menschheit; die Menschheit lebt als Ganzes in dem Einzelnen.

# Die Grundsteinlegung von 1913

Von der Grundsteinlegung, die in Dornach am 20. September 1913 für den «Johannesbau», wie man ihn damals noch nannte, stattfand, ist uns eine Nachschrift bekannt, aus der man entnehmen kann, dass dieser Akt sich ganz in die Weltenzusammenhänge – in die physischen sowohl wie in die geistigen – hineinstellt. Nachdem Rudolf Steiner sich nach den vier Weltenrichtungen gewandt hatte, rief er die höheren Hierarchien an als Schützer und Lenker der sich vollziehenden Handlung. Der Grundstein war bekanntlich ein doppeltes Pentagon-Dodekaeder, das «als Sinnbild der Menschenseele» geformt worden war. «Er ist uns», so sagte Rudolf Steiner, «in seiner doppelten Zwölfgliedrigkeit Sinnbild der strebenden, als Mikrokosmos in den Makrokosmos eingesenkten Menschenseele.» Späterhin sollte er noch zweimal darüber sprechen, dass dieser Stein «geformt ist nach den Weltenbildern der Menschenseele» oder, wie er sich auch ausdrückte, «geformt als Eckstein des im Geiste sich suchen wollenden, in der Weltenseele sich fühlen wollenden, im Welten-Ich sich ahnenden Menschen».

Damit wird ganz klar, dass das nun zu bauende Goetheanum im engsten Zusammenhang mit diesem Grundstein ebenfalls zu einem Wesen werden sollte; dass auch in dem Bau die Weltenkräfte, welche die Menschenseele formen, zum Leben erweckt werden können. Aus der Ansprache, die Rudolf Steiner damals, im September 1913, gehalten hat, tönt eine ungeheure Verantwortung gegenüber dem ganzen Sein und Werden der Erde. Das Goetheanum, das erstehen sollte, wird ein «Wahrzeichen» des Geisteslebens der neueren Zeit genannt. Dieses Geistesleben wird charakterisiert als eine große

Mission der Menschheit auf unserem Erdenplaneten. Immer stärker wirken die Kräfte der Verfinsterung; durch sie werden die Seelen der heutigen Menschen verdorren und veröden müssen, und der geistige Kampf, der zu führen ist, gilt in erster Linie diesen Mächten der Finsternis.[3]

Über diese Ansprache zu referieren, ist kaum möglich. Man kann die gewaltigen, von Rudolf Steiner geprägten Worte nachlesen. Hier soll nur darauf hingewiesen werden, dass bei jener Gelegenheit zum ersten Male aus dem Inhalt des Fünften Evangeliums gesprochen wurde, das «vom Westen her als das urälteste Evangelium» ertöne, ‚«weil das makrokosmische Evangelium wie ein Echo nun entgegenklingen soll dem Evangelium des Ostens».

So wie die vier Evangelien vom Osten ausgegangen sind und nach dem Westen gewirkt haben, so kommt nun vom Westen herüber das «Evangelium der Erkenntnis». Als erster Inhalt dieses Fünften Evangeliums wurde dann gegeben das makrokosmische Vaterunser, ein «makrokosmisches Weltengebet, das verbunden ist mit dem Mond und dem Jupiter, so wie die vier Evangelien mit der Erde verbunden sind».

«Aum, Amen!
Es walten die Übel,
Zeugen sich lösender Ichheit,
Von andern erschuldete Selbstheitschuld,
Erlebet im täglichen Brote,
In dem nicht waltet der Himmel Wille,
Da der Mensch sich schied von Eurem Reich
Und vergaß Euren Namen,
Ihr Väter in den Himmeln.»[4]

Wer dieses makrokosmische Vaterunser meditativ in sich erklingen lässt, spürt wohl ganz tief den Schmerz der Inkarnation, den die ganze Menschheit seit der lemurischen Zeit zu durchleiden hatte. Aus diesem Leide konnte der Christus seinen Jüngern das Vaterunser als ein erlösendes Weltengebet geben. Aus der Erkenntnis der in die Tiefen der Erdenkräfte hineinführenden göttlichen Mächte war es Rudolf Steiner möglich, auf Erden solche Taten zu vollbringen, die der Menschheit das eigentliche Christus-Mysterium näherbringen konnten in einem Zeitalter, das von jedem Menschen die Erkenntnis im eigenen Innern fordert.

# Das Goetheanum als Offenbarung des Weltenwortes

In den folgenden zehn Jahren wuchs nun das Goetheanum empor wie eine geistige Pflanze aus dem Samen der Grundsteinlegung. Dass es sich dabei nicht um ein gewöhnliches Gebäude, etwa eine Festhalle oder etwas Ähnliches handelte, wurde besonders deutlich, wenn man es in der Frühlingszeit zwischen den blühenden Obstbäumen sah. Man erkannte dann, dass es ein Wesen war, herausgeformt aus lebendigen Kräften, ja man kann schon sagen, aus ätherischen Kräften.

Das doppelte Pentagon-Dodekaeder des Grundsteins war so gelegt worden, dass der größere Teil nach dem Osten gerichtet war, wo die kleinere Kuppel sich erhob; der kleinere Teil dagegen nach dem Westen, in Richtung der größeren Kuppel. Man kann es so ausdrücken: innerhalb der Erde wirken die kosmischen und irdischen Gesetzmäßigkeiten in mineralischer Gestalt; über der Erde stieg nun das Goetheanum auf nach ätherischen Gesetzmäßigkeiten. Das war auch daran zu erkennen, dass die strengen Formen des Grundsteinkörpers sich im Goetheanum-Bau in immer wieder abgewandelten Variationen der Urform zeigten. Wie konnte es auch anders sein, wenn, wie Rudolf Steiner sagte, ein Haus gebaut werden sollte, in dem die Seele des Menschen den Geist wird finden können? Er hat auch darauf hingewiesen, dass der Goetheanum-Bau und der Inhalt der Anthroposophie in ihrem Wesen eins sind, dass beide sich zueinander verhalten wie die Schale zur Nuss. Die Formen entsprachen sich gegenseitig, ja er hat gelegentlich den Vergleich gebraucht, dass die Goetheanum-Formen gleichsam der Kuchenform entsprächen, in der der Napfkuchen gebacken werde. Eine präzise Formulierung dieser Gesetzmäßigkeiten wurde von ihm gegeben, als er über die geistigen Formkräfte sprach und von ihnen sagte, sie seien, «was im Geiste lebt und was die Kraft hat, dass es sich eindrückt dem, was uns als Hülle umgibt in unserem Bau».

Ein andermal sprach er davon, dass der Bau ein lebendiges Wort sei, ein Sprachorgan für den Geist, ein Wegweiser zum Geiste. Zusammenfassend nannte er ihn ein «Haus der Sprache»[5]. Dieses Haus der Sprache ist auf Erden sichtbar gewesen. Nachdem es im Feuer vernichtet worden, ist es in der Geistwelt als Imagination zu finden. Es ist sogar eine Aufgabe für die heutige Menschheit, sich innerlich imaginativ damit zu beschäftigen.

Wie kann man dieses geheimnisvolle Bauwerk und seine Bedeutung für die heutige Menschheit verstehen lernen?

Da war zunächst der doppelte Kuppelbau auf einem Beton-Fundament. Die Formen des Fundaments waren dem Felsenboden angepasst. Im Grundriss zeigen sich die beiden Kreise, die sich durchdringen, in einem Verhältnis, das den heutigen Entwicklungszustand der Menschen zum Ausdruck bringt. Das geistige und das im Physischen entwickelte Bewusstsein berühren sich, durchdringen sich nur teilweise, stellen aber in ihrem Verhältnis zueinander ein Problem dar, um das die heutige Menschheit zu ringen hat. Auf diesem Unterbau erhoben sich dann in Holz die beiden Kuppelräume; die größere Kuppel getragen von 2 mal 7 Säulen, die kleinere von 12 Säulen. Das Ganze hat nur eine Symmetrie-Achse, die vom Westeingang nach dem Osten läuft. Der Mensch, der in den Bau hineinkommt und nach dem Osten schreitet, kommt an einer Reihe sich in der Metamorphose entwickelnder Säulenmotive vorbei. Er erlebt geistig-seelisch eine Entwicklung mit, die vom Saturn- bis zum Venus-Zustand unserer Erde führt. Es wurde dies von Rudolf Steiner bezeichnet als die Willensrichtung, die der Mensch innerlich empfindet, wenn er diesen Weg geht.[6] Wenn die Seele auf diese Weise mitaufsteigt, den Säulen entlang nach oben sich weitend, erlebt sie die Impulse des Fühlens, die schließlich ganz oben in den Kuppelformen abgeschlossen werden und zu den Denk-Impulsen führen. Aus den Kuppeln heraus wirken in farbigen Flächen die Geheimnisse der Geist-Entwicklung der gesamten Erden-Menschheit. Wenn der Mensch dieses innerlich erlebt und dadurch die Äherkräfte in der Kopfgegend sich etwas lösen, schaut er die Kuppelmalereien in ihren eigentlichen, tieferen Zusammenhängen. Man kann empfinden, wie die Menschenseele im Wollen, Fühlen und Denken ein Verhältnis zu den Goetheanum-Formen und dem Bau im Ganzen gewinnt.

Der architektonische Impuls, der damit gegeben wurde, war für unsere Erdentwicklung vollkommen neu. Gewiss lässt sich sagen, dass die wahrhaft großen Bauwerke der Menschheit immer aus bestimmten, geisterfassten Bewusstseinslagen der jeweiligen Epoche entsprangen; so die großen indischen Tempelbauten, die aus der ganzen Erde heraus emporgewachsen sind wie vergeistigte Naturkräfte; so die ägyptischen Bauwerke, in denen sich das Erlebnis der Sterblichkeit ausdrückt; ebenso auch die harmonischen Formen der griechischen Tempel. In unserer Zeit handelte es sich für Rudolf Steiner darum, ein Bauwerk entstehen zu lassen, das nicht nur äußerlichen Zwecken dienen sollte, sondern das auf neue Weise entsprach dem inneren Suchen der Menschen; dabei aber ganz konkret ausdrückte, was geistiger Inhalt dieses Suchens ist. So diente das Goetheanum der geistigen Entwicklung unserer Zeit, indem es den Menschen unmittelbar einen Weg zeigte vom Physisch-Sinnlichen in das Imaginativ-Inspirative hinein.

Besonders wichtig war z. B. Folgendes. Wenn man in das Goetheanum eintrat und sich dann nicht, wie man das in anderen Bauwerken gewöhnlich tut, ästhetisch beurteilend verhielt, sondern sich ganz hingab und abwartete, wie dieses Wesen einen aufnahm, dann konnte man zu einer neuen Art des Raumerlebens gelangen. Während architektonische Räumlichkeiten im Allgemeinen eine gewisse Abgeschlossenheit zeigen, war es hier gerade umgekehrt; die Seele wurde nicht durch die Wände aufgehalten, stieß nicht sozusagen an die Wände an, sondern das Gefühl entstand: Durch die hier sichtbar gemachten Formen wird man weitergeführt in die Welt des Geistes hinein. Die Wand war in ihren Formen lebendig und nahm die Kräfte der Seele in sich auf, sodass sie sich weiten und mit dem Weltall verbinden konnte. Solch lebendige Formen konnten dadurch entstehen, dass sie von den ätherischen Gesetzen, nach denen sich auch die Pflanzen bilden, abgelesen worden waren; dadurch wurden die Formen zu Organen, durch die sich Geistiges unmittelbar aussprechen konnte. So also hatte Rudolf Steiner das Recht davon zu sprechen, dass solche Formen zu Kehlköpfen werden können, deren sich die Götter bedienen, um zu uns zu sprechen.

Die Wände waren nicht nur lebendig gestaltet, sondern zum Teil auch durchsichtig. Die Glasfenster in ihren verschiedenen Farben waren so geschliffen, dass das von außen einströmende Licht die Formen erschuf. «Diese ganze Reliefgestaltung ist Organ für die Sprache der Götter, die zu uns sprechen sollen von allen Seiten des Universums.» Aus ihnen heraus klang das Wort: «So findest du, o Mensch, den Weg zum Geiste.» Die Glasradierungen offenbarten uns eine Initiation, die nach zwei Seiten hin verschiedene Aspekte zeigte.[7]

Wie in den rein architektonischen Formen die Gesetze des Physischen in der umgebenden äußeren Welt zum Ausdruck kamen – man denke z.B. an die merkwürdig tragenden Formen der Treppen, die aus dem Unterbau nach oben führten –, so wurden in der reichen Plastizierung des Holzes die Formen des Ätherisch-Physischen zur Sichtbarkeit gebracht, während in den malerischen Gestaltungen die Farben aus dem Reiche des Ätherischen herabgeholt waren.

Vollkommen neu war auch die Art, wie in den Kuppeln – es sei hier besonders auf die kleine Kuppel verwiesen – die Farben angewandt wurden. Aus den Farben heraus entstanden die Figuren. Es war die Sprache der Farben, die damals schon seit längerer Zeit von modernen Malern wie Kandinsky und anderen gesucht wurde; hier zeigte sie sich, nicht in äußerer Vollkommenheit, aber dem inneren Wesen nach, in vorbildlicher Weise. Nehmen wir als Beispiel die Faust-ähnliche Gestalt, die aus dem Blau herausstrebte nach dem vollbewussten Ich hin. Sie ist ganz aus dem geheimnisvollen, mystischen Blau herausgeboren; ein Kind fliegt ihr entgegen, aus dem Orange heraus gemalt; ein Gerippe steht dunkel-schwarz daneben, ein Buch unter dem Arm. Darüber schwebt der inspirierende Engel, wieder in zart-blauer Farbe. Was in dieser Art gemalt ist, lässt die Seele, die es betrachtet, nicht theoretisch darüber nachdenken, was es bedeute, sondern sie wird selber umgeformt und erhält durch die Farbenkräfte bestimmte innere Impulse.

Wenn wir im Vorangehenden zeigen konnten, wie eine irdische Räumlichkeit sich sozusagen in eine ätherische verwandelte, so kann nun auch darauf hingewiesen werden, wie im Goetheanum die Zeit erlebt werden konnte als ein Wechselspiel der Kräfte von Leben und Tod. Eigentlich hat man schon in den Farben den Übergang zu demjenigen zu sehen, was in den Zeitenrhythmen musikalisch zum Ausdruck kommen will. Es bilden die Farben, in oben beschriebener Art angewandt, bereits den Übergang zu der Harmonie der Sphären, wie sie von Pythagoras noch erlebt wurde. Aber ein unmittelbares Erleben der Zeit ließ sich an den Intervallen zwischen den Motiven der Säulen erfahren. Hier war nämlich das Wesentlichste nicht das unmittelbar Gegebene, sondern das, was von dem einen Kapitäl nach dem andern hinüberwirkte. Wer die ganz schlichte Form der sogenannten Saturn-Säule betrachtete, in der das Oben und Unten sich in klaren Gesetzmäßigkeiten begegnete, dann seine Seele weiterschweifen ließ bis zu den Motiven der sogenannten Sonnen-Säule und da die erste Metamorphose dieser schlichten Form sah, der konnte empfinden, wie er auf dem Wege dorthin etwas durchgemacht hatte, was eine innere Entwicklung im Bewusstsein bedeutete. Aber im Intervall mussten die ersten Formen sterben, damit sie auf neuen Stufen wiedergeboren werden konnten. In solchem Sterben und Werden ließ sich ein neues Zeiterleben gewinnen.

Ließ man nun das Ganze auf sich wirken, so kam aus den runden Himmelsformen der Kuppeln ein Empfinden von einer über Raum und Zeit hinaus sich abschließenden Ewigkeit. Es war vorgesehen, dass am Ende dieses Weges, an der Ostwand der kleinen Kuppel, die Christus-Statue stehen sollte; Christus, der Menschheits-Repräsentant, schreitend und die Waage haltend zwischen den Kräften von Luzifer und Ahriman. Rudolf Steiner, der die Hauptteile der Statue selber schnitzte, sagte einmal, wie schwer es sei, das alles in plastischen Formen zum Ausdruck zu bringen. «Das ganze Gewand», so sagte er, «sollte strömende Liebe sein.»

Beim Betrachten des Antlitzes sah man an der überaus stark hervortretenden Stirn Linien, die den Eindruck erweckten, als ob die ganze Weisheit der Welt hier zusammenströmt. Weisheit und Liebe, sich in der Brust begegnend, gaben Richtung und Sinn den beiden Armen, die, nach oben und nach unten, Luzifer und Ahriman in ihr Wirkungsgebiet im Weltenwerden verwiesen.

So fand sich die Menschenseele im Goetheanum, lebend

im Ätherraum, aufwachend und sterbend in großen Zeitenrhythmen, im ewigen Sein der Schöpfung darinnenfühlend; und schließlich in der Begegnung mit dem Wesen des Menschheits-Ich die Auferstehung schauend.

Als nach zehn Jahren das Goetheanum, noch nicht vollendet, das Opfer der Flammen wurde, bedeutete das nicht nur das Leid über die Vernichtung eines Bauwerkes, an dem viele Menschen mit großer Liebe unter Rudolf Steiners persönlicher Führung gearbeitet hatten, sondern es war, als ob ein Geist-Lebe-Wesen der Menschheit genommen würde. Rudolf Steiner soll, als einer der Freunde ihn nach dem tiefsten Grund seiner Trauer fragte, geantwortet haben: es sei nicht der Verlust des Goetheanums allein, sondern ganz besonders die Tatsache, dass nun so viele Menschen der westlichen Welt nicht mehr die Möglichkeit haben würden, diese Formen zu schauen. Diese Antwort lässt sich gut verstehen im Hinblick auf die Tatsache, dass die westliche Welt am schwersten mit dem Materialismus zu ringen hat; auch mit der Verstrickung in solche Denkkräfte, die an der äußeren Sinneswelt geformt werden. Schon allein das Anschauen der Formen des Goetheanums hätte für viele, wenn vielleicht auch nur unbewusst, dazu führen können, in ihren Denkkräften etwas von imaginativen Möglichkeiten entstehen zu lassen.

Als Rudolf Steiner ein Jahr später noch einen Entwurf für das zweite Goetheanum machen konnte, war, wie er es auch aussprach, das nicht so gemeint, als ob man etwa das Goetheanum in seiner ursprünglichen Gestalt noch einmal wiederholen könnte. Der zweite Bau sollte eher als Burg, als Festung dastehen, er sollte nicht so verletzlich und zart wie der erste sein, sondern ganz aus Beton ausgeführt werden. Zwar sind bedeutsame Metamorphosen von den Formen des ersten zu denen des zweiten Goetheanums zu erkennen; trotzdem muss gesagt werden: das erste war seinem ganzen Wesen nach einmalig. Es war in einer imaginativen Form- und Farbensprache die totale Darstellung der Anthroposophie, so wie sie aus der geistigen Welt auf die Erde gebracht werden konnte; und die Menschenseele, aus den gleichen geistigen Kräften zur Erde gestiegen, konnte sich darin zu Hause fühlen wie in der ihr eigensten geistigen Umwelt. Sie fand das geistige Urbild ihrer Wesenheit sichtbar um sich herum. Die Anthroposophia hat in diesem Bau *einmal* in sichtbarer Form gelebt.

# Der Brand

Als das Goetheanum in der Silvesternacht 1922 auf 1923 in Flammen aufging, war das nicht nur die Folge eines gegnerischen Angriffs. Es kam darin auch ein Versagen der Mitgliedschaft der Anthroposophischen Gesellschaft zum Ausdruck. Rudolf Steiner wies in seiner Eröffnungsansprache zur Weihnachtstagung mit deutlichen Worten darauf hin, indem er sagte, dieser Trümmerhaufen auf dem Dornacher Hügel sei in gewissem Sinne symbolisch für andere Trümmerhaufen innerhalb der Anthroposophischen Gesellschaft und für die Weltverhältnisse überhaupt.[8]

Seit 1902 hatte die Gesellschaft, in welche Rudolf Steiner als Generalsekretär der deutschen Sektion der Theosophical Society gewählt worden war, verschiedene Phasen durchlaufen, was in der eben genannten Ansprache von ihm skizziert wurde. In der ersten Phase, die etwa sieben Jahre umfasste, verlief das Gesellschaftsleben sozusagen außerhalb der übrigen sozialen Zusammenhänge; die Mitglieder waren in meist kleinen, eifrig studierenden Gruppen zusammengefasst. Zur Zeit der Münchner Kongresse, während welcher man begann, erst einige Dramen von Édouard Schuré und dann die Mysteriendramen Rudolf Steiners durch die Mitglieder zur Aufführung zu bringen, änderte sich die Situation bereits in einem gewissen Grade, da nun anthroposophische Tätigkeiten für die Augen der Außenwelt in Erscheinung traten. Durch die ins Leben tretenden künstlerischen Betätigungen geschah dies dann für immer weitere Kreise einmal durch den Goetheanum-Bau, der, ursprünglich in München geplant, nun auf dem Dornacher Hügel emporwuchs, dann auch durch die Eurythmie, die Sprachgestaltung usw. Trotzdem wurde in dieser zweiten Phase noch ein relativ kleiner Sektor der Öffentlichkeit berührt. Inzwischen war der Erste Weltkrieg ausgebrochen, und die Mitglieder, Angehörige der verschiedensten Nationen, arbeiteten zunächst in der Stille um den Dornacher Hügel.

Jedoch in den späteren Jahren des Krieges änderte sich die Lage dadurch, dass meistens jüngere Menschen aus verschiedenen Berufen und Lebensbereichen herankamen und mit der Frage lebten, wie man Anthroposophie auf den mannigfachen Arbeitsgebieten in die Welt tragen könne. Dies war umso mehr von Bedeutung, als Rudolf Steiner vom Jahre 1917 an den Versuch machte, Ideen für eine neue soziale Struktur auszusprechen und ordnend einzuwirken auf die sich chaotisierenden Weltverhältnisse.

Als der Krieg im Spätherbst 1918 zu Ende ging, stand die Anthroposophie alsbald in der Öffentlichkeit, sowohl durch die verschiedenen Hochschulkurse und großen öffentlichen Vorträge als auch durch eine starke Aktivität auf dem Felde der sozialen Dreigliederung. Aus der Dreigliederungsarbeit ist einerseits wiederum die Freie Waldorfschule entstanden, die einen Keim bildete für eine sich sehr schnell ausbreitende pädagogische Tätigkeit in verschiedenen Ländern, andererseits – und das war weniger erfolgreich – wurde auf wirtschaftlichem Gebiet versucht, zu Neugründungen zu kommen. Hier soll nicht im Einzelnen über all diese Vorgänge berichtet werden. Es mag genügen, darauf hinzuweisen, wie schmerzvoll es für Rudolf Steiner war zu sehen, dass seine umfassenden geistigen Initiativen auf wirtschaftlichem Felde mit so ungenügenden Mitteln und Kräften aufgenommen wurden. Auch an der Hochschularbeit musste er späterhin harte Kritik üben. Zu sehr wollte man eine Art der Handhabung einführen, die von der üblichen Hochschulpraxis beeinflusst war.

Gewiss war diese Epoche eine unglaublich bewegte und

auch geisterfüllte Zeit, weil Rudolf Steiner in jenen Jahren immer neue und vielseitig anregende Vorträge hielt und das Interesse stark zunahm; doch spürte man andererseits, wie im Innern der Gesellschaft eine Art Hohlraum entstand, und schwierige Entwicklungen sich anbahnten. Der Brand des Goetheanums machte dann in erschreckender Weise sichtbar, wie ungeschützt dieses aus heiligem Willen entstandene Bauwerk dagestanden hatte. Das darauffolgende Jahr 1923 war wohl für manche, die es miterlebten, ein Jahr des Schmerzes und der Trauer. Schon während der Delegiertentagung in Stuttgart, im Februar 1923, zeigte sich, wie auch das Wollen einer neuen Generation, deren Vertreter sich nun in der Anthroposophischen Gesellschaft zusammengefunden hatten, innerhalb dieser Gesellschaft keinen Platz finden konnte, sodass die Notwendigkeit entstand, für diese jüngeren Menschen eine eigene Gesellschaft zu gründen. Es entstand die Freie Anthroposophische Gesellschaft, deren Statuten von Rudolf Steiner eigenhändig niedergeschrieben wurden.

Das ganze Jahr 1923 war dann weiterhin der Vorbereitung einer – wie Rudolf Steiner damals noch sagte – Internationalen Allgemeinen Gesellschaft gewidmet. Wohl hatte es seit 1913 eine Anthroposophische Gesellschaft gegeben, welcher aber Rudolf Steiner, wie er oft betonte, nicht als Mitglied angehörte, sondern in der er lediglich als Lehrer wirkte. Landesgesellschaften gab es nicht. In den verschiedenen Ländern, in denen Anthroposophie verbreitet war, schlossen sich die örtlichen Gruppen sämtlich an das Zentrum der Anthroposophischen Gesellschaft an. Dieses sollte von nun an anders werden, und es bestand die Absicht, überall autonome Landesgesellschaften zu begründen. Die Autonomie wurde von Rudolf Steiner gerade dadurch betont, dass er wünschte, die verschiedenen Landesgesellschaften sollten noch vor der geplanten Weihnachtstagung gegründet und statuiert werden, um dann in freier Weise miteinander die neu zu begründende Allgemeine Anthroposophische Gesellschaft zu bilden.[9]

Wie nun diese neue Gesellschaft aussehen sollte, darüber wurde von den Mitgliedern viel disputiert, doch war es zunächst schwer, von Rudolf Steiner etwas darüber zu hören. Es machte den Eindruck, dass er darauf wartete, was aus den Kreisen der Mitglieder in den verschiedenen Ländern ihm entgegengebracht würde.

Bei der Delegiertentagung in Dornach, die in erster Linie wegen der Fragen des Wiederaufbaus des Goetheanums zusammengerufen worden war, im Juni 1923, kam dieses Abwarten deutlich zum Vorschein. Die Delegierten hofften zwar, etwas über die geplante Internationale Gesellschaft zu hören, doch war nichts Genaueres zu erfahren. Darauf bemühte man sich in den verschiedenen Ländern, die Mitglieder zusammenzurufen und für das große Ideal einer die Gesamtbewegung umfassenden, klar gegliederten Weltgesellschaft zu begeistern.

Man ahnte damals noch nicht, welche große Opfertat Rudolf Steiner zur Gründung dieser neuen Gesellschaft auf sich nehmen sollte. Vielleicht konnte man erstmals etwas davon spüren, als er in einer Besprechung in Holland im November 1923 seine tiefen Zweifel darüber aussprach, ob er sich wohl noch weiter mit der Gesellschaft verbinden könne. Dann aber, am darauffolgenden Tag, als er in dem Schlussvortrag des Zyklus «Der übersinnliche Mensch, anthroposophisch erfasst» darüber sprach, wie man beim Goetheanum-Brand in den Flammen des durch Feuergluten geschmolzenen Metalls tief in die karmabildenden Kräfte des Menschen hineinsehen konnte, war es, als wolle er bereits hinweisen auf das, was jene Opferflammen mit der nun bevorstehenden Tat der Weihnachtstagung verbindet, bei der er das Amt des ersten Vorsitzenden der Gesellschaft und des Leiters der Freien Hochschule auf sich nehmen sollte. Sein persönliches Schicksal sollte mit der nun entstehenden Gesellschaft zur Gänze verbunden werden.

Diese Gesellschaft, die dann zu Weihnachten 1923 gebildet wurde – wobei die Delegierten der verschiedenen Landesgesellschaften anwesend waren –, konnte von dem gleichen Augenblick an nicht mehr Internationale Gesellschaft heißen, sondern bekam den Namen «Allgemeine Anthroposophische Gesellschaft». Sie hatte mit den Nationen, innerhalb derer die Einzelnen standen, nur noch indirekt zu tun; sie war eine Gesellschaft, die aus rein menschheitlichen Kräften herausgebildet wurde. Die Vertreter der Landesgesellschaften hatten unmittelbar anschließend an die Grundsteinlegung die Lage in ihren Ländern und ihr Verhältnis zu der Weihnachtstagung darzulegen. Rudolf Steiner begrüßte jeden Einzelnen persönlich, lud sie der Reihe nach ein, aufs Podium zu kommen, und bedankte sich für jeden Beitrag. Schon dadurch wurde sichtbar, wie diese allgemeine menschliche Gesellschaft sich zusammensetzen sollte aus dem, was aus den verschiedenen Ländern in Freiheit dargeboten wurde.

# Die Grundsteinlegung 1923

Schon aus der ersten Ansprache war durch die Art, wie Rudolf Steiner sie hielt und mit einem besonderen Zeichen begann, sofort ersichtlich, dass nun eine Tat vollzogen wurde, die in der ganzen Mysteriengeschichte der Menschheit eine neue Phase einleitete. Als darauf der Grundsteinspruch erklang, war es im Augenblick wohl ganz wenigen bewusst, wie unmittelbar sein Inhalt zusammenhing mit dem, was durch die erste Grundsteinlegung und den Bau des Goetheanums bereits angefangen hatte, auf Erden zu leben. Diesmal wurde der Grundstein in Spruchform in die Herzen der Anwesenden gelegt, und es wurde betont, dass nur in gemeinsamem Wollen der Mitglieder das heilige Ziel, das damit gesetzt wurde, erreicht werden könne. Etwa 700–800 Mitglieder waren anwesend, von denen manche als Vertreter ihrer Landesgesellschaften, viele aber einfach deshalb gekommen waren, weil das Schicksal sie führte, dabei zu sein. Man kann also diese Grundsteinlegung als eine fast öffentliche Mysterientat bezeichnen, denn sicher kamen nicht nur solche dazu, die als offizielle Vertreter ihrer Gruppen gewählt waren, sondern auch andere, die zum Teil erst seit Kurzem die Mitgliedschaft erworben hatten, und die mit dem eigentlichen Schicksal der Gesellschaft auf Erden noch kaum verbunden sein konnten.

Rudolf Steiner stand vor den Mitgliedern als der Hohepriester einer werdenden neuen Menschheit. Die Seelen der Einzelnen, die – in tiefster Verbundenheit durch gemeinsames Erleben im vorgeburtlichen Dasein – ihren Willen, der Gesamtmenschheit zu dienen, ahnend erlebten, konnten jetzt im aufhellenden Bewusstseinslichte in eine neue Geistwelt eintreten.

Rudolf Steiner sprach als einer, der sich ganz mit dieser werdenden Gemeinschaft verbündete, sich ganz in sie hineinstellte.

Er nannte den Grundstein «Welten-Dodekaeder», dem wir das «Menschen-Dodekaeder» gegenüberstellen und «den wir in den Boden unserer Seelen senken». Eine gemeinsame Tat, durch die er, obwohl auf höchsten Planen lebend, sich doch nicht über oder außerhalb stellte, sondern sie mit den Anwesenden gemeinsam vollzog.

Die 700-800 Mitglieder vertraten die allgemeine Mitgliedschaft. Aber in tieferem Sinne vertraten sie das geistige Suchen der modernen Menschheit schlechthin. Sie waren vom Schicksal auserwählt, den Grundstein unmittelbar aus geistigen Höhen in ihren Herzen empfangen zu dürfen. Doch konnte man bereits damals ahnen, dass auch die Nichtanwesenden, vielleicht auch die nicht auf dem physischen Plan lebenden Menschen, an dieser Grundsteinlegung teilhatten; sicher hörten ebensogut viele Seelen in der geistigen Welt zu, sowohl die schon abgeschiedenen wie auch die noch nicht geborenen. Es hörten auch die mit so großer Macht angerufenen geistigen Hierarchien zu.

Wenn man in späteren Zeiten begann, sich in aller Ruhe mit dem Grundstein meditativ zu beschäftigen, wurde es immer klarer, wie sehr er dem ersten Goetheanum ähnelte. Dennoch gab es einen Unterschied. Wenn auch im ersten Goetheanum die Menschenseele mit ihren drei Seelenkräften – Wollen, Fühlen und Denken – leben konnte, so wurde doch die Dreigliederung der menschlichen Organisation, in der die Seele sich offenbart, noch nicht klar ausgesprochen. War es doch erst im Jahre 1917 für Rudolf Steiner möglich geworden, diese Dreigliederung der menschlichen Organisation in aller Vollständigkeit zu erkennen und erstmals in einem Kapitel seines Buches *Von Seelenrätseln* darzulegen. Diese Idee der Dreigliederung der menschlichen Organisation, die Beschreibung des

Menschen in seinen drei Organ-Systemen, gab zum ersten Mal in der Menschheitsgeschichte die Möglichkeit, Seele und Leib in ihren wirklichen Zusammenhängen wissenschaftlich zu erfassen. Noch im Anfang des 20. Jahrhunderts war es Gepflogenheit, die Seele nur mit der Nerven-Sinnes-Organisation in Verbindung zu bringen; man dachte noch in irgendeiner Art an einen «Sitz der Seele». Wie die drei Schichten des Seelenlebens: Wahrnehmen und Vorstellen, Fühlen, Wollen und Bewegen mit den drei Organgebieten: Nerven-Sinnes-System, rhythmisches System und Stoffwechsel-Gliedmaßen-System zusammenhängen, war noch nie erfasst worden. Die Aufzeigung dieses Tatbestandes ist von unermesslicher Bedeutung, und es wird die Zeit kommen, wo man diese Enthüllung ansehen wird als die eigentliche Grundlage einer Menschenerkenntnis, welche Anatomie, Physiologie und Psychologie, aus geisteswissenschaftlichen Gesichtspunkten heraus, zusammenhängend begreift. Es ist die Idee des dreigliederigen Menschen, die in dem Grundstein von 1923 ihren höchsten Ausdruck findet.

In der Grundstein-Ansprache wurde auch, gleich zu Beginn, von Rudolf Steiner darauf hingewiesen, wie diese Dreigliederung als Grundlage der Selbsterkenntnis seit Jahrzehnten von ihm wahrgenommen wurde; wie er sie aber erst zur Reife bringen konnte «im letzten Jahrzehnt, während der kriegerischen Stürme».

Aus diesem Grunde besteht der Grundsteinspruch aus drei Hauptteilen, an die ein vierter Teil angegliedert wurde. Jeder der drei Hauptteile hat wieder einen doppelten Charakter, wie das erste Goetheanum als doppelkuppliges Gebäude das Ineinanderspielen der auf Erden lebenden Kräfte der Menschenseele und dem, was ihr aus dem Geiste entgegentritt, offenbarte.

Dreimal ertönt der Anruf: «Menschenseele!» Dreimal wird dann in je drei Zeilen gezeigt, wie diese Menschenseele lebt in den Gliedern, in dem Herzens-Lungen-Schlage, in dem ruhenden Haupte. Jedes Mal wird die Seele in drei Zeilen dazu geführt, sich zu erkennen in Raum, Zeit und Ewigkeit, genauso wie sie das hat erleben können im Bau des Goetheanums. Denn es ist nicht der physische Raum, in dem die Menschenseele erwacht, wenn sie erkennt, dass sie in den Gliedern *lebt*. Die räumliche Welt, die hier gemeint ist, ist ein Durchgangstor zum Geistesmeereswesen – mit anderen Worten: zur Welt des Ätherischen. Man kann also sagen: wenn die Menschenseele sich erkennt, unbewusst lebend in den Gliedmaßen, fühlt sie, wie diese Gliedmaßen nicht in den physisch-mechanischen Kräfte-Zusammenhängen unserer Erde stehen, sondern wie die Seele, wenn sie in den Gliedern sich bewegt, in eine ätherische Welt eintritt.

Ebenso wird der Mensch erkennen, wenn er wirklich *lebt* in dem Herzens-Lungen-Schlage, dass er in die Zeit hineingeführt wird und dadurch eine andere Welt, die Welt des «Seelenwesensfühlens» erlebt. Was da vorgeht im Herzens-Lungen-Schlage, ist ja voll von Geheimnissen. Es ist der ewige Wechsel von Lebens- und Todeskräften, der sich in der Funktion von Herz und Lunge auswirkt. Immer wieder wird das Blut neu belebt durch den eingeatmeten Sauerstoff, und immer wieder kommt vom Bewusstsein aus der Strom der Todeskräfte in das Blut hinein und findet in der erstickenden Kohlensäure seinen Weg aus dem Organismus heraus. Das Fühlen des Menschen wird auf diese Art zu einem tief mit den Welten-Rhythmen verbundenen Vorgang; es ist der Atmungsprozess, der sich vollzieht zwischen Menschenseele und Weltseele. In jeder Epoche wird er sich anders gestalten. Aber immer wird der Mensch dieses so erlebte Verhältnis als das eigentliche Innerste seines Wesens empfinden. Wie er im

Raume lebt, so stirbt er in die Zeit. Aber gerade dieses Sterben führt ihn zu sich selbst.

Was Leben und Sterben für seine geistige Entwicklung bedeuten, kann der Mensch erst voll erfassen, wenn er die Ewigkeit seines Wesens erlebt. Schon die *Upanishaden* wiesen darauf hin, wie der Mensch erst dann als Geist erwacht, wenn er erkannt hat, wie Leben und Tod sich als Entwicklungsstufen abwechseln.

> «Wer weiß, dass Werden und Vergehen
> Auf völlig gleicher Stufe stehen,
> Entgeht durch Untergang dem Tod
> Und wird unsterblich durch Entstehen.»[10]

Auch die Mystiker, wie z. B. Angelus Silesius, kennen das Geheimnis von Leben, Tod und Ewigkeit.

> «Kein Tod ist herrlicher, als der ein Leben bringt,
> Kein Leben edler, als das aus dem Tod entspringt.
>
> Gott selber, wenn er dir will leben, muss ersterben:
> Wie denkst du ohne Tod sein Leben zu ererben?»

Der Mensch kann dieses Leben und Sterben tief erkennen, wenn er sich den ewigen Weltgedanken hingibt. Das wird ihm möglich, wenn er sich erlebt «im ruhenden Haupte», wovon der dritte Teil des Grundsteins spricht.

Wie im Goetheanum die drei Seelenerlebnisse in Raum, Zeit und Ewigkeit imaginativ sichtbar wurden in Form und Farbe, so werden sie im Grundstein aus inspirativen Kräften offenbar. Schon an dem dreifachen Aufruf der Menschenseele kann man die erschütternde Tatsache erleben, dass es Rudolf Steiner möglich geworden ist, die gewaltigen Imaginationen, die im Goetheanum-Bau lebten – dann durch verzehrende Flammenkräfte hindurchgingen, um aufzusteigen in geistige Höhen –, herunterzuholen und jetzt in inspirativer Form als Grundsteinspruch zurückzubringen.

An die dreimal drei Zeilen schließen sich unmittelbar an die drei Übungen: «übe Geist-Erinnern» – «übe Geist-Besinnen» – «übe Geist-Erschauen». Der Grundstein ist nicht nur die aus der Welt der Inspiration wiedergeborene Anthroposophie, so wie sie im alten Goetheanum-Bau gelebt hat, sondern er stellt auch, genau wie das erste Goetheanum es getan hat, Aufgaben. In einem seiner Bau-Vorträge hatte Rudolf Steiner auf diese Aufgabe des Goetheanums hingewiesen. Er sagte von ihm, dass es «ein schönes, herrliches Erziehungsmittel» sei, ein Erziehungsmittel «über alles Persönliche hinaus». Noch früher war gesagt worden: «Wie notwendig, ach wie notwendig ist es, über alles Persönliche hinauszuwachsen, wenn es einen Sinn haben soll, Formen, wie die hier gemeinten, als Umrahmung für unsere geisteswissenschaftliche Arbeit zu haben.» Genau das hatte man im Goetheanum empfinden können; man konnte nicht bleiben, wie man war: entweder man verhielt sich als unbeteiligter Zuschauer, der das Bauwerk nach bisher gebräuchlichen ästhetischen Gesichtspunkten beurteilte und damit außerhalb des Baues blieb, oder man ging wirklich mit der Seele hinein und ließ die Formen und Farben an sich arbeiten. Selbstverständlich vollzog sich dieses Geschehnis bei den meisten kaum bewusst; dennoch war die Wirkung innerhalb solcher Formen- und Farben-Umgebung deutlich spürbar.

Jetzt aber, durch den Grundstein-Spruch, wurde die Aufgabe viel bewusster gestellt. Durch die Tatsache, dass die Menschenseele sich erkennen kann, lebend in einer wirklich geistigen Raumeswelt, in einem wirklich geistig erfassten Zeit-Erleben und in einer Geist-erfassten Ewigkeit, wurde aufgerufen innerhalb der Seele die Notwendigkeit, diese Zusammenhänge auch bewusst zu üben. Die drei Übungen führen dazu, dass der Mensch innerhalb seiner Seele sich als Ich erlebt. Dieses Ich aber lernt er dreifach kennen: wie es im Gottes-Ich erweset, wie es sich mit dem Welten-Ich vereint und wie es zum freien Wollen aufsteigt.

Alle drei Übungen sind denjenigen, die sich mit der Anthroposophie beschäftigt haben, nicht fremd. Eine der ersten Übungen, von denen Rudolf Steiner in seinem Buche *Wie erlangt man Erkenntnisse der höheren Welten?* spricht, ist jene, die angibt, dass man im Augenblick der inneren Ruhe auf seine Tageserlebnisse zurückschauen und sie so betrachten soll wie jemand, der durch eine Gebirgslandschaft gewandert ist und nun von einer Anhöhe zurückblickt auf den Weg, den er gegangen ist – als Zuschauer sozusagen. Es wird solcher Rückblick auf mancherlei Art als Aufgabe gestellt: in der täglichen Abendrückschau, im Rückblick auf bestimmte Phasen des Lebens, Phasen, die man als Kind durchlebt hat usw. Eigentlich sollte man nach mehreren Jahren des Übens imstande sein, das ganze Leben in der Rückschau als gleichsam unbeteiligter Zuschauer vor sich zu sehen.

Man kann außerdem sagen, dass die ganze Anthroposophie, indem sie das Entstehen von Erde und Menschheit in großen Zusammenhängen, etwa in der *Geheimwissenschaft*, beschreibt, eine Übung ist, die zu immer tieferem und umfassenderem Geist-Erinnern führt. Der Mensch, wenn auch nicht voll bewusst, lernt sich erkennen in Kulturepochen, in denen auch er selbst manche Inkarnationen durchgemacht hat; ja sogar, wie er in früheren Daseinsstufen der gesamten Erdentwicklung – während Mond-, Sonnen- und Saturnzustand – gelebt hat. So wird man die gestellte Aufgabe «übe Geist-Erinnern» wohl im allerweitesten Sinne verstehen als einen Aufruf, immer mehr in die Tiefen der Seele hinunterzusteigen, um dadurch zu erkennen die Gotteskräfte, aus denen das Menschen-Ich entstanden ist. Durch das Üben dieses Spruches gelangt man zu einem wahrhaften Leben in derjenigen Sphäre, in der Welt und Mensch gemeinsam aus dem Gottes-Schoß hervorgegangen sind.

Als zweite Aufgabe wird gestellt, «Geist-Besinnen» zu üben. Auch da handelt es sich um etwas, zu dem die ganze Anthroposophie sowohl Vorbedingung wie auch direkter Weg ist. Wenn man beim «Geist-Erinnern» sich hineinbegibt in die Seelentiefen, so wird das «Geist-Besinnen» geübt im Seelengleichgewichte, mit anderen Worten, in der inneren Ruhe. Diese innere Ruhe herzustellen, ist, wie schon gesagt wurde, eine der ersten Aufgaben, die uns das Buch *Wie erlangt man Erkenntnisse der höheren Welten?* stellt. Der Lärm des Alltagslebens soll aus unserer Seele verschwinden, der höhere Mensch soll in uns geboren werden. Unmittelbar an die Beschreibung der inneren Ruhe schließt sich in jenem Übungsbuch eine Darstellung des Wesens der Meditation an. Das «Geist-Besinnen» wird man in der Hauptsache ebenfalls als eine Meditation ansehen können. Aber auch der Begriff der Meditation sollte nicht zu eng gefasst werden. Auch das Lesen und Studieren der Anthroposophie sollte sich immer mehr aus dem vorwiegend intellektuellen Aufnehmen herausverwandeln in eine mehr meditative Art, die geistigen Inhalte in der Seele leben zu lassen. Diese neue Art zu lesen ist in einem Zeitalter, das ganz auf das Kopflesen eingestellt ist, sogar eine der wesentlichsten Übungen.

Wenn der Mensch im «Geist-Besinnen» tiefer in seiner eigenen höheren Wesenheit aufwacht, wenn das eigene Ich immer mehr zur Geburt gelangt, nähert er sich auch der Sphäre, in der die Schicksalsgesetze erkannt werden können. Er wird erfahren, welche göttlich-geistigen Mächte sein Schicksal lenken. Schließlich wird er durch das Erkennen dieser Schicksalsgesetze die Vereinigung des eigenen höheren Ichs mit dem Welten-Ich erleben, mit dem Christus. Dann erst, in dem Vorgang des Vereinigens von eigenem Ich und Welten-Ich, tritt das wahre Fühlen in Erscheinung, das Fühlen, das man im tiefsten Sinne als einen Atmungsvorgang zwischen Menschen-Ich und Welten-Ich bezeichnen kann, ein Fühlen, von dem die sonst als Gefühle bezeichneten Emotionen und Sensationen nur schattenhafte Abbilder sind.

Die dritte Aufgabe, die gestellt wird, ist: «übe Geist-Erschauen». Die Sphäre, in der dieses stattfinden soll, ist die Ruhe im Gedankenleben; also wiederum die innere Ruhe als Ausgangspunkt. Der ganze Erkenntnisweg, von Rudolf Steiner bereits seit den 80er-Jahren dargestellt, damals kulminierend in seiner *Philosophie der Freiheit*, ja die gesamte Anthroposophie ist ein Weg des Übens. Ganz besonders muss noch hingewiesen werden auf die seit der Weihnachtstagung von Rudolf Steiner gegebenen «Leitsätze» mit den später dazugekommenen Briefen. Was da alles von ihm gegeben wurde, ist wohl ein Höhepunkt im Geistesleben der Menschheit überhaupt.

Das «Geist-Erschauen», in Gedanken-Ruhe geübt, führt hinein in die Sphäre, in der Michael als Verwalter der kosmischen Intelligenz den Menschenseelen durch seine weisende Gebärde den Weg der inneren Geistbefreiung zeigt. «Welten-Wesens-Licht» schenken uns die «ewigen Götterziele», damit das eigene Ich zum freien Wollen emporsteigen kann. Erst dann kommt der Mensch zu eigenem, wahrhaftem Denken in «Menschen-Geistes-Gründen». Man wird hierbei erinnert an das Wort, das schon in «Wahrheit und Wissenschaft» erklingt, wo das Erkennen als ein «stetiges Hineinwachsen in den Weltengrund» bezeichnet wird.

Diese drei Übungen führen uns also zu einem Erfassen des Ich in seinem stetigen Werden. Denn das Ich des Menschen *ist* nicht, sondern es *wird*. Es lässt sich nur im Werden erfassen: das Ich in Vergangenheit, Gegenwart und Zukunft, wie es erweset im Gottes-Ich, sich vereint mit dem Welten-Ich und zu einem frei-wollenden Ich aufsteigt.

Zu beachten ist, dass am Beginn jedes der drei Hauptteile von der Menschenseele gesagt wird: «du lebest» in den Gliedern, in dem Herzens-Lungen-Schlage, im ruhenden Haupte. Dadurch kommt zum Ausdruck, dass, wenn von den drei Organgebieten des dreigliedrigen Menschen gesprochen wird, der funktionelle Mensch gemeint ist, der Mensch, der sozusagen ätherisch in dem physischen Menschen lebt. Wie schon erwähnt wurde, kann man die Idee des dreigliedrigen Menschen als eine der allerbedeutendsten der modernen Wissenschaft ansprechen. Sie ist Goethes Idee von der Urpflanze verwandt, die auch nicht, so wie Goethe vielleicht anfangs geglaubt hat, real zu finden ist, und von der er später erst erkannte, dass es die reine Idee der Urpflanze als solche war, aus der alle Pflanzen entstanden sind und immer wieder entstehen könnten. So ist es auch mit der Idee des dreigliedrigen Menschen: sie ist die Gottes-Idee, aus der die menschliche leiblich-seelisch-geistige Organisation entstanden ist und immer wieder neu entstehen wird. In der Grundstein-Meditation findet diese Idee ihren höchsten Ausdruck. Zum ersten Mal in der Geschichte der Menschheit stellt eine Idee sowohl anatomisch, physiologisch wie auch psychologisch exakt das Wesen des Menschen dar und bietet gleichzeitig höchsten meditativen Inhalt.

Wenn die dreigliedrige Organisation in diesem Sinne als Lebewesen aufgefasst wird, kann sich in ihr die Menschenseele und das Menschen-Ich lebendig entfalten.

Auf die ersten Abschnitte der drei Hauptteile, mit denen wir uns jetzt beschäftigt haben, folgt dann jedes Mal ein zweiter Abschnitt. Die ersten Abschnitte enthalten nach dem Anruf «Menschenseele» jeweils zwölf Zeilen. Die Zahl 12 ist der Ausdruck für räumliche Ausbreitung, so wie es uns die viermal drei Zeichen des Tierkreises zeigen, die in unserem Sonnensystem um uns herum geordnet stehen. Der daran anschließende zweite Abschnitt ist jedes Mal siebenzeilig; dann folgen zwei für sich allein stehende Zeilen mit besonderem Inhalt. Die Zahl 7 hat zu tun mit der rhythmischen, in der Zeit verlaufenden Entwicklung. Überhaupt können diese zweiten Abschnitte betrachtet werden als Träger der göttlich-geistigen Inspiration selber – während in den ersten Abschnitten angeknüpft wird an das unmittelbare Weben der Menschenseele in der leiblichen Organisation und von dort aufgestiegen wird bis zu einem Erfassen des Ich im Weltenwerden. In den zweiten Abschnitten hat man es also zu tun mit der ganzen göttlich-geistigen Welt der Wesenheiten, durch die dieser Weg auf Erden erst ermöglicht wird. Jeder zweite Abschnitt fängt an mit dem Wort «denn» – was bezeugt, dass die im ersten Abschnitt gestellte Aufgabe nur deshalb vollbracht werden kann, weil die ganze Entwicklung des Menschen in der Trinität, die unserem ganzen Sonnensystem zugrunde liegt, urständet. Die göttliche Trinität wird als Vater-Geist der Höhen, als Christus-Wille im Umkreis und als Geistes-Weltgedanken angerufen.

Es sind dies die drei Kräfte, aus denen letzten Endes der Grundstein durch unser gemeinsames Wollen geformt werden konnte: die Kraft des Vater-Geistes, die in den Weltentiefen das Sein erzeugt und durch die erste Hierarchie der Kräftegeister aus den Höhen erklingen lässt das Wort, das in den Tiefen das Echo findet; dann die Kraft des Christus-Willens, die, im Umkreis wirkend, in den Weltenrhythmen die Seelen begnadet und durch die zweite Hierarchie, die Lichtesgeister, Feuer- und Formkräfte ineinanderführt, sodass das Leben aus dem Tode neu entstehen kann; drittens die Kraft der im Geiste lebenden Weltgedanken, die das Licht im Weltenwesen erflehen und durch die dritte Hierarchie, die Seelengeister, die Bitte aus den Tiefen zu den Höhen heraufschicken, wodurch die Seelen erwachen können in den Weltgedanken des Geistes.

Dreimal ertönt das Wort «walten», ein Wort, das auch lautlich das aus dem Geiste Schaffende, ewig Wirkende und Erzeugende in sich trägt. Der göttlichen Dreieinigkeit sind zugeordnet die dreimal drei Chöre der Hierarchien, die bei der Grundsteinlegung von Rudolf Steiner mit ihren wahren Namen angerufen wurden; in einer darauffolgenden, gedruckten Version wurden sie Kräftegeister, Lichtesgeister und Seelengeister genannt. Das Verhältnis dieser dreimal drei Chöre der Hierarchien zum Grundstein als solchem wird in einem folgenden Kapitel dargestellt werden.

Die jeweilig letzte der sieben Zeilen enthält die drei alten Rosenkreuzersprüche, ursprünglich in ihrer lateinischen Form, dann im Druck ins Deutsche übertragen und neu geprägt.

Die Zusammenhänge zwischen dem, was in dieser letzten Zeile der drei Hauptteile erklingt, und all dem, was sich in der kleinen Kuppel des Goetheanums, in den Mysteriendramen, in der Eurythmie und durch Rudolf Steiners Vorträge offenbarte, sind schwer in Worte zu fassen; doch werden sie sich einem tieferen Nachsinnen immer mehr enthüllen.

So wie die Grundsteinlegung 1913 damit begann, dass Rudolf Steiner sich nach den vier Himmelsrichtungen wandte und damit dem zu schaffenden Bau eine Weltorientierung gab, die sich gleichzeitig im Irdisch-Elementarischen verankerte, so findet man jedes Mal am Ende der Hauptteile des Spruches die Feststellung, dass die Elementargeister in Ost, West, Nord und Süd diese Stimme aus der geistigen Welt hören. Unmittelbar daran wird ausgesprochen, dass auch Menschen es hören mögen.

Der vierte Hauptteil des Spruches hat wiederum zwei Abschnitte. Zuerst werden wir an den Zeitpunkt erinnert, zu dem das welthistorische Ereignis stattfand, das ganz schlicht als die «Zeitenwende» bezeichnet wird. Da trat das «göttliche Licht», die «Christus-Sonne», das «Welten-Geistes-Licht» in den «irdischen Wesensstrom».

Liebes-Licht und Weisheits-Licht zugleich, erwärmend und erleuchtend, hineinwirkend in die beiden Hauptströmungen der Menschheit, die in den beiden Geburtserzählungen der Evangelien ihren Ausdruck finden.

Die in Holz gemeißelte Christusstatue steht jedoch im Grundsteinspruch vor uns in einer ganz bestimmten Metamorphose. Das Christentum tritt uns jetzt entgegen aus geistigen Höhen, nur inspirativ erfassbar. Luzifer und Ahriman werden nicht genannt, aber wohl die Kräfte, durch die beide erlöst und umgebildet werden können, die Kräfte von Liebe und Weisheit.

Der zweite Abschnitt enthält unser Gebet! So wie die Seele damals, in das erste Goetheanum hineingehend, schreitend von West nach Ost, in ihrem Willen tragen konnte die innige Bitte, dass Christus ihr immer mehr zum Lenker ihres Wesens werde, so auch jetzt die Bitte um Wärme und Licht, damit Herz und Haupt von der Christussonne durchstrahlt werden.

Wie schon gesagt, wurde der Grundstein in den Boden der Seelen, die Herzen der Anwesenden gesenkt. Der rechte Boden, so sagte Rudolf Steiner, in den wir den heutigen Grundstein hineinverlegen müssen, «das sind unsere Herzen in ihrem harmonischen Zusammenwirken, in ihrem guten, von Liebe durchdrungenen Willen, gemeinsam das anthroposophische Wollen durch die Welt zu tragen». So wie das erste Goetheanum emporwuchs aus den Kräften des doppelten Pentagon-Dodekaeders, der in den felsigen Boden gesenkt wurde, so sollte jetzt das geistige Gebäude der Allgemeinen Anthroposophischen Gesellschaft mit der Freien Hochschule wachsen aus den Kräften der Grundstein-Meditation. Wie aber in dieser Grundstein-Meditation die ganze Anthroposophie wieder neu geboren wurde, nachdem sie Bau geworden, in ihren imaginativen Formen und Farben durch einen Flammentod hindurchgegangen war, so kann man sagen, dass die Weihnachtstagungs-Gesellschaft eigentlich ein verwandeltes Goetheanum darstellte. Dieses verwandelte Goetheanum war jedoch als geistiges Bauwerk nicht an die Räumlichkeit gebunden, sondern entstand jedes Mal von Neuem, wo Menschen versuchten, aus der Kraft der Grundstein-Meditation zu arbeiten. Bei der Weihnachtstagung vollzog sich ein großes Mysterium: keimhaft wurde die Möglichkeit geschaffen, dass die Welt zum Tempel werden kann überall dort, wo Menschenseelen aus der Grundsteinkraft leben und wirken.

# Vom Stein der Weisen zum Liebesstein

Den Grundstein, der am 25. Dezember 1923 in Spruchform gegeben wurde, bezeichnete Rudolf Steiner in seiner Ansprache als einen dodekaedrischen Liebes-Grundstein; später auch als dodekaedrischen Liebesstein.

Das große Mysterium der Weihnachtstagung war von ihm eingeleitet worden durch eine Reihe von Vorträgen über die Mysterien des Altertums.[11] Der letzte, der am 23. Dezember 1923 gehalten wurde, hatte als Thema den Stein der Weisen. Es wurde gesagt, wie seit uralten Zeiten in den Mysterien das Geheimnis von Gold, Silber und Kohle bekannt war. Das Gold repräsentiert die Sonne und hat unmittelbar mit dem Denken zu tun. «Vom Denken aus wird der Mensch durch das Gold belebt.» Das Silber, verbunden mit dem Mond, lebt als Kraft in unseren Wachstumsvorgängen; es bildet die lebendige Gestalt und wirkt als solches im Pflanzenorganismus in Form der reinen Kohle. Der seit dem Mittelalter bekannte Stein der Weisen ist die reine Kohle, die in unserer Erdentwicklung erscheint als Diamant – dort wo sie von einem uralten Sonnenzustand herrührt; als Graphit, wo sie die Reste einer Mondentwicklung in sich trägt, und als einfache Kohle, wo sie die pflanzlichen Gestaltungskräfte aus den Erdanfängen bewahrt.

Schon seit dem 8. Jahrhundert beschreiben die Alchemisten die Wunderkraft dieses Steines, die sie auf geheimnisvolle Art andeuten, ohne je auszusprechen, dass es sich um den Kohlenstoff handelt. Sie sagen etwa: dieser Stein sei überall zu finden, dennoch aber gänzlich unbekannt; er sei sowohl das Gemeinste wie das Edelste, mineralisch und nicht mineralisch, er habe ein besonderes Verhältnis zum Feuer usw.

Überall in den alchemistischen Schriften kommt die Tendenz zum Vorschein, sich auf uralte Mysterien zu beziehen, insbesondere auf die ägyptischen; Hermes wird als der erste große Alchemist bezeichnet; dann wird sehr häufig eine Maria Hebraeica genannt, angeblich eine Schwester von Moses. Auch taucht ein Name auf, den wir aus Goethes *Faust* kennen, nämlich ein gewisser Dr. Marianus, auch Marianus Christianus genannt. Fast alle Alchemisten führten ihre Gedanken zurück auf Aristoteles, und auf ihm fußend, erscheinen auch eine Anzahl arabischer Gelehrter wie Avicenna. Vom 13. Jahrhundert an sind die bekanntesten: Albertus Magnus, Thomas von Aquino, Raimundus Lullus, Arnoldus Villanova und manche andere; im 15. und 16. Jahrhundert Basilius Valentinus, Paracelsus, van Helmont und Robert Fludd. Es ist nicht einfach, sich in all diesen Schriften zurechtzufinden, weil manches nur durch wiederholtes Abschreiben auf uns gekommen ist und die Abschreiber gern ihre eigenen Kommentare in die Texte mischten. Dasjenige, was gedruckt wurde, stammt erst aus viel späterer Zeit, und meist ist ersichtlich, dass die Verfasser aus jüngerer Zeit sich selbst nicht mehr klar waren über die eigentlichen Urimpulse der Suche nach dem Stein der Weisen. Es ist also nicht leicht, den Zusammenhang zwischen den Vorstellungen der verschiedenen Alchemisten über den Stein der Weisen und seine Beziehungen zu unserer Grundstein-Meditation darzulegen.

Doch ist in einem Büchlein aus dem 18. Jahrhundert eine merkwürdige Charakterisierung dieses Steines zu finden, die uns einen wichtigen Aufschluss geben kann. Da steht zu lesen: «Dieser Stein ist dreyeckigt in Esse oder Wesen, viereckigt in Qualitate oder Beschaffenheit.»[12] Wenn man sich bei Esse oder Wesen die eigentlichen Urprinzipien vorstellt, über welche die Alchemie so häufig spricht, nämlich die Dreiheit von Sal, Mercur und Sulphur, dann ergibt sich daraus ein Zusammenhang mit den drei Teilen der menschlichen Organisation im dreigliedrigen Menschen: Nerven-Sinnes-System, rhythmisches und Stoffwechsel-Gliedmaßen-System. Die Vierheit der Qualitäten oder der Beschaffenheit führt uns zu den vier Elementen, die ebenfalls bei der Suche nach dem Stein der Weisen eine große Rolle spielten. In diesem Zusammenhang ist wichtig, auf eine Art Gedicht hinzuweisen, das Rudolf Steiner in einem seiner esoterischen, unveröffentlichten Vorträge (Berlin 12. Februar 1908) zitierte und das man, so wie er es bringt, oder mit einigen Variationen, in alten Rosenkreuzerbüchern finden kann:

> Wer der Zahlen Wirken wohl durchschaut,
> Sieht wie seine Welt sich auferbaut.
> Die 4 als erste Zahl der Elemente überall,
> Aus ihr die 3 sich regen,
> Geist, Seele, Leib dir geben.
> Die 2 entsteht aus Sonne und Mond,
> Daraus erwächst der Menschen-Sohn,
> Dem auf der Welt gar nichts gleich,
> Der übertrifft all Erdenreich.[7]

Dem Spruch ist ein Diagramm (s. Folgeseite) beigegeben, auf dem abgebildet sind die Zeichen der vier Elemente Erde, Wasser, Luft und Feuer; darunter die drei Zeichen für Sulphur, Mercur und Sal; dann ein Hexagramm und ganz unten eine Weltkugel mit dem Kreuz, dem Bild für die Erde.

Diese vier ursprünglichen Zeichen für die Elemente, die man überall in den alchemistischen Schriften findet, sind echte okkulte Bilder. Das Feuer ist als ein Dreieck mit der Spitze nach oben dargestellt – das Bild der Flamme; die Luft als Dreieck mit der Spitze nach oben und einem Querstrich – Zeichen dafür, dass das Element der Luft aus einem schweren Teil der eigentlichen Luft, und einem leichteren, dem licht-ätherischen

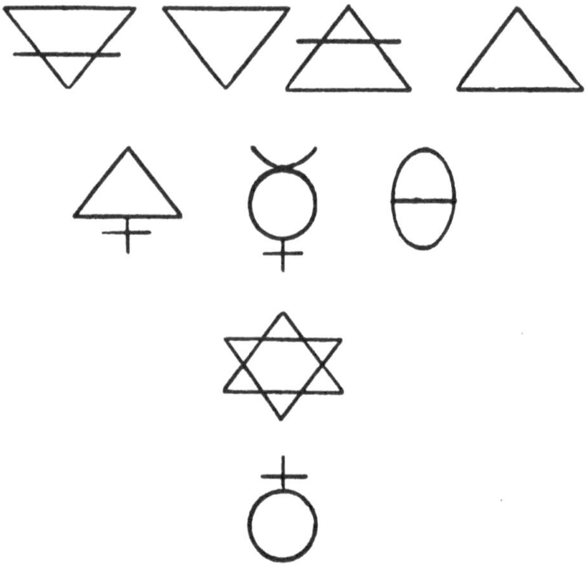

Diagramm

Teil besteht. Das Wasser wird dargestellt durch ein Dreieck mit der Spitze nach unten; die Erde durch das gleiche Dreieck, doch mit Querstrich – es wird damit auf den Prozess des aus dem Flüssigen sich Verdichtenden hingewiesen.

Wie der Spruch besagt, ergibt sich aus dieser Vierheit die Dreiheit; aus dem Feurigen wird der Sulphur – dargestellt durch ein Dreieck mit der Spitze nach oben und mit einem Kreuz darunter –, das Feuer ist jetzt an das Irdische gebunden oder, anders gesagt, es wirkt auf Erden. Sal oder Salz wird nicht als Dreieck, sondern als rundlicher Tropfen mit einem Querstrich in der Mitte dargestellt. So wie der Schwefel für den Alchemisten alle Prozesse der Verbrennung repräsentiert – sowohl die Verbrennung irgendeiner Substanz in der äußeren Welt als auch alle Verbrennungsprozesse im Stoffwechsel, ja sogar alles, was mit dem Triebartigen und Willensmäßigen zu tun hat in Tier und Mensch –, so steht der Begriff Salz für den Prozess, der sich immer im Auskristallisieren, in der Verfestigung, in der Mineralisierung zeigt. Sowohl das Salz, das sich aus dem Meere herauskristallisiert, heraussetzt, wie auch die Skelettbildung in Tier und Mensch, ferner alles, was mit dem Vorstellungsleben zu tun hat, fällt unter den Begriff Salz. Sulphur und Sal lassen sich also ohne Weiteres aus den Elementen als solche ableiten.

Mit dem Mercur, der in der Mitte steht, ist die Sache nicht so einfach. In ihm ist, wie in dem Spruch bereits gesagt wird, eine Zweiheit vorhanden. Die Figur ist wie das bekannte Planetenzeichen zusammengesetzt aus Sonne und Mond, dazu irdisch verankert durch das kleine Kreuz unter dem Sonnenzeichen. Damit wird auf etwas hingedeutet, was auch im Menschen schwer zu verstehen ist, nämlich alles, was mit dem mittleren Menschen zu tun hat. Man kann nämlich nicht nur sagen, dass dort eine Mitte entsteht, wo zwei Polaritäten sich begegnen, wenngleich es stimmt, dass in dieser Begegnung eine Mitte sich herstellt; wichtiger ist aber, darauf zu achten, was von vornherein als Mitte veranlagt war, wie im eigentlichen Wesen des Menschen diese Mitte von Urbeginn sein sollte. «Die Zwei entsteht aus Sonn und Mond / Daraus erwächst der Menschen-Sohn», heißt es in dem Rosenkreuzerspruch. Damit ist schon hingedeutet auf dieses höchste Ziel der menschlichen Entwicklung: Christus in sich geboren werden zu lassen. Das Bild des Menschen ist in unserem Diagramm durch ein Hexagramm dargestellt, ein regelmäßiges Sechseck, in dem bei genauerer Betrachtung die vier Figuren der Elemente zu erkennen sind.

Gehen wir über zur Grundstein-Meditation und fangen wir nun bei ihrem Ende an, bei den Worten: «Das hören die Elementargeister in Ost, West, Nord, Süd …» Es ist sicher

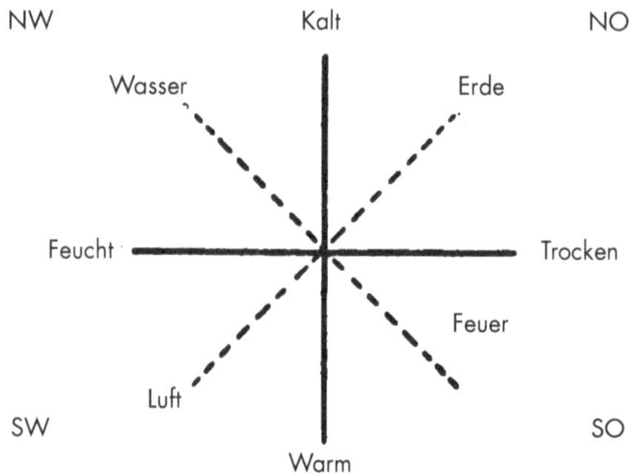


nicht ohne tiefe Bedeutung, dass Rudolf Steiner in der Weihnachtszeit 1923 zweimal gesprochen hat über das Wesen der Elemente, so wie es z.B. durch Aristoteles seinem Schüler Alexander gelehrt worden war. Es geschieht in dem schon genannten Vortrage über die Mysterien am 15. Dezember und dann während der Abendvorträge der Weihnachtstagung am 27. Dezember 1923. Rudolf Steiner berichtet, wie die Elemente im Zusammenhang mit den Himmelsrichtungen und ihrem Charakter nach im Einzelnen erlebt werden mussten; aber nicht nur die Vierheit von Erde, Wasser, Luft und Feuer, sondern auch ihre Verbindungen, die zu den Zuständen von kalt, warm, trocken, feucht führen. Wo Wasser und Erde wirken, entsteht das Kalte, wo Erde und Feuer wirken, das Trockene, wo Feuer und Luft wirken, die Wärme, wo Luft und Wasser wirken, das Feuchte. (Siehe Abbildung oben.)

Wird dies alles innerlich empfunden, so erlebt der Mensch die Vierheit seiner Organisation im physischen Leib, Ätherleib, Astralleib und Ich. In den genannten Vorträgen wird auch die tragische Stimmung beschrieben, wie sie von Alchemisten im

Mittelalter erlebt wurde, indem sie empfanden, dass ein unmittelbares Verhältnis zur geistigen Welt, zu den Hierarchien, zu der Trinität nicht mehr möglich war. Nur die Geister der Elemente, die Elementarwesen, zeigten sich ihnen noch bei ihren Experimenten. Man wusste im Mittelalter noch, wie die Elemente mit der menschlichen Organisation verbunden waren. Man findet z. B. einen Ausspruch, der Raimundus Lullus zugeschrieben wird: «Das Warme und Trockene ziehet an sich» wird gesagt, und dabei steht das Zeichen für Feuer, also für die Ich-Organisation; «das Trockene und Kalte hält an sich» – dabei steht das Zeichen für Erde, also für den physischen Leib; «das Kalte und Feuchte treibt aus» – mit dem Zeichen für Wasser, also Ätherleib; «das Feuchte und Warme digeriert» oder verzehrt – dabei das Zeichen für Luft, also Astralleib. Man sieht, wie eine ganze Physiologie in kürzester Form in solchem Ausspruch enthalten ist.

Wenn Rudolf Steiner zweimal während des Monats Dezember 1923 über das Wesen der Elemente sprach, so geschah es wohl deshalb, weil er darauf hinweisen wollte, wie wichtig es für den Menschen unserer Zeit ist, die in unserer Gesamtwesenheit wirkenden Kräfte auch aus dem Elementarischen heraus wieder zu verstehen. Bereits im Jahr 1920 hatte er in drei Vorträgen vom 17., 18. und 19. Dezember auf diese wichtigen Zusammenhänge hingewiesen; von Elementen, Wesensgliedern, Seelenkräften usw. gesprochen in ihrem Verhältnis zu dem eigentlichen moralischen Wollen und Freiheitsstreben des Menschen.[13]

Betrachten wir jetzt die drei großen Hauptteile der Grundstein-Meditation noch einmal, so sehen wir, dass der Zusammenhang mit den drei «wesentlichen» alchemistischen Grundprinzipien Sulphur, Mercur und Sal deutlich zum Vorschein kommt. In den Gliedern lebt der Mensch: seine Stoffwechselprozesse kommen dort zu ihrem Ende; der Sulphur wirkt in der fortwährenden Umwandlung der Prozesse, die seine unbewussten Willenskräfte tragen. Mit diesen Sulphur-Kräften ist auch die Kraft der Erinnerung innigst verbunden.

Wenn man nun an die Sein-erzeugenden Kräfte denkt, die vom Vatergeist in die Weltentiefen hineinwirken, dann begegnet man dort Sulphur als himmlischer Kraft. Es ist die göttliche Liebeskraft, die auch in den drei Chören der ersten Hierarchie wirksam ist. Die Seraphim sind die Geister der Liebe. Es ist die göttliche Schöpferliebe, die als Feuerglut wirkt. Man kann verstehen, dass es ein Ideal der Mystiker war, «in seraphischer Liebesglut verzehrt zu werden».

In einem weiteren esoterischen, unveröffentlichten Vortrag, den Rudolf Steiner am 14. März 1908 in Berlin gehalten hat, zitiert er wieder einen Spruch, den man auch in den Rosenkreuzerschriften finden kann.

> Strebe nach dem Feuer, suche nach dem Feuer,
> So wird dir Feuer.
> Füge Feuer zu Feuer, koche Feuer in Feuer,
> Wirf Leib, Seel und Geist in Feuer,
> Dann hast du tot und lebendig Feuer.
> Es wird dir schwarz, gelb, weiß, rot Feuer.
> Gebier deine Kinder in Feuer,
> Speis, tränk und ernähr sie in Feuer,
> So leben und sterben sie in Feuer
> Und sind Feuer und bleiben in Feuer,
> Ihr Silber und Gold wird alles zu Feuer
> Und wird endlich ein vierfach philosophisches Feuer.

Was das vierfache «philosophische Feuer» ist, wird von Rudolf Steiner erklärt. Im schwarzen Feuer klingt der Saturnzustand an, in dem alles noch Wärme ist, aber nicht von sich aus leuchtend; im gelben Feuer der Sonnenzustand, wo das Licht bereits erstrahlt; das weiße Feuer bezieht sich auf den Mondzustand, wo es sich im Saftstrom der Lebewesen verinnerlicht; das rote Feuer auf die Erde, wo es im Blute wirkt.

Aber nicht nur die Seraphim bringen das Liebesfeuer des Vatergottes zur Offenbarung; auch die Cherubim, welche die werdende Schöpfung durchdringen, wirken aus der gleichen Liebesglut. Ihre Harmonie-schaffende Weisheit ist zugleich Liebe. Die Throne sind Träger der Liebe, die zum Willen geworden ist. Ihre Liebe wird zur Opferkraft, aus der die Wärme als Urzustand des Saturn entstehen kann.

So ist der erste Hauptteil des Grundstein-Spruches ganz von Sulphurkraft durchdrungen; sie zeigt sich sowohl in den menschlichen Prozessen als auch im göttlich-geistigen Wirken.

Ähnlich ist der dritte Hauptteil ganz von den Sal-Kräften geformt. Der Mensch braucht das ruhende Haupt, in dem kohlensaurer und phosphorsaurer Kalk die Hülle bilden. In dieser Hülle ruht das Gehirn, abgeschlossen von den Einflüssen der Umwelt. Auch wenn das Haupt sich bewegt, ist es geistig betrachtet doch in Ruhe. Rudolf Steiner verglich es einmal humoristischerweise mit einem Menschen, der sich in der Kutsche herumfahren lässt und, obwohl er sich fortbewegt, doch in Ruhe die Welt anschaut. Die Mineralisierung des Hauptes ist nötig für den Menschen, um zu einem wirklich freien Denken aufsteigen zu können. Im ganzen Hauptes-System sind wir am meisten zum physischen Abdruck geworden; während in den Gliedmaßen Ich, Astralleib und Ätherleib noch mit dem physischen Leib verbunden sind, ist das am Kopf kaum mehr der Fall. Nur der Ätherleib ist noch soweit mit den Nerven-Sinnesprozessen verbunden, als nötig ist, damit die Organe nicht absterben. Aber die bewusste Entwicklung zum freien Denken kann nur deshalb stattfinden, weil Ich und Astralleib sich bereits in hohem Grade vom Physisch-Leiblichen losgelöst haben.

Auch für die Geistwelt gibt uns das Salz, so wie es in seinen mannigfachen Kristallen auf Erden erscheint, ein wunderbares Bild. Rudolf Steiner soll einmal im Anblick eines riesigen Bergkristall-Komplexes gesagt haben: so sieht die devachanische Welt aus. «Gott geometrisiert fortwährend», sagte Plato. Pythagoras und seine Schüler und besonders auch die Platoniker kannten diese reinen Zahlenverhältnisse, die sich ihnen als Welten-Sphären-Harmonien offenbarten, und die uns noch in den wunderbaren Kristallformen vor Augen treten.

In der Mitte steht der zweite Hauptteil, der mit dem Mercur verbunden ist. Wir wiesen schon hin auf den Doppelcharakter des Mercurzeichens, in dem Sonne und Mond sich harmonisch begegnen. Man hat es hier zu tun mit einer Kraft, die vor allem mit der Behauptung des eigenen Wesens verbunden ist. Ein Quecksilbertropfen kann sich ins Unendliche teilen, zu immer kleineren Tröpfchen werden, die alle gleich rund sind; doch lassen sich alle ebenso leicht wieder zusammenfügen zu einem großen Tropfen. Wenn man sich eine Vorstellung bilden will, wie aus der göttlichen Einheit eine Vielheit entsteht, in der alle Teile doch der ursprünglichen Einheit gleichen, so findet man im Quecksilber ein sprechendes, überzeugendes Bild. Damit ist aber auch hingedeutet auf jene andere Tatsache, die wir bereits erwähnten: dass im Mercur etwas von einem Urprinzip gegeben ist, das nicht von irgendwoher abgeleitet werden kann, sondern unmittelbar durch sich selbst existiert. In der Ansprache, die Rudolf Steiner in Verbindung mit der Grundstein-Meditation gehalten hat, finden sich merkwürdige Worte, über die man lange nachdenken kann. Er spricht von dem wundervollen Geheimnis, «das da waltet zwischen Lunge und Herz», und wie «die Weltenrhythmen, die durch Jahrtausende, durch Aeonen wirken, in Puls und Blutrhythmus hereinschlagen und Welt-Beseeligung im Menschen erwecken». So hat man hier wiederum etwas, das in einfachster Weise, für jeden täglich erlebbar, zum Ausdruck kommt in der Wirksamkeit von Herz und Lunge; andererseits aber zutiefst zusammenhängt mit der Möglichkeit, dass wir überhaupt ein Seelenwesen sein können. Die innere Seelenwelt des Menschen wird vom Christus-Willen, der im Umkreis wirkt, fortwährend begnadet. Die Alchemie spricht in diesem Zusammenhang vom «doppelten Mercur» und stellt das göttliche Wesen des Menschen in seiner Doppel-Natur dar im Bilde eines göttlichen Wesens, das sowohl in der rechten als auch der linken Hand das Mercurzeichen trägt. Dieser Doppel-Mercur wird ab und zu von den Alchemisten auch als Christus bezeichnet. Christus wirkt für die ganze Menschheit, indem er sich in den Weltenrhythmen offenbart und die Kräfte, die Feuerkräfte aus dem Osten zu den Formkräften des Westens hinführt. Dadurch, dass er in diesem Strom von Osten nach Westen geht, werden die Todeskräfte, die als Formkräfte aus dem Westen wirken, durch höhere Lebenskräfte überwunden.

Kehren wir noch einmal zurück zu dem anfangs erwähnten Rosenkreuzer-Spruch (S. 45). Wir finden darin, wie der Menschen-Sohn aus Sonne und Mond entsteht. Liebe und Weisheit sind, einander durchdringend, in ihm geoffenbart. So bringt auch der vierte Hauptteil der Grundstein-Meditation die Beschreibung, die Darstellung, wie das Christus-Wesen als Welten-Geistes-Licht auf die Erde kam, und wie das Licht sowohl Wärme wie Leuchtekraft spendet.

Der «philosophische Stein» findet, wie wir sahen, mit einem Hexagramm, also einem regelmäßigen Sechseck, seinen Abschluss. Man kann sehr gut verstehen, dass gerade das Zeichen des Hexagramms gebraucht wurde, denn es bringt das Wesen des Menschen auf tiefe Art zum Ausdruck. Rudolf

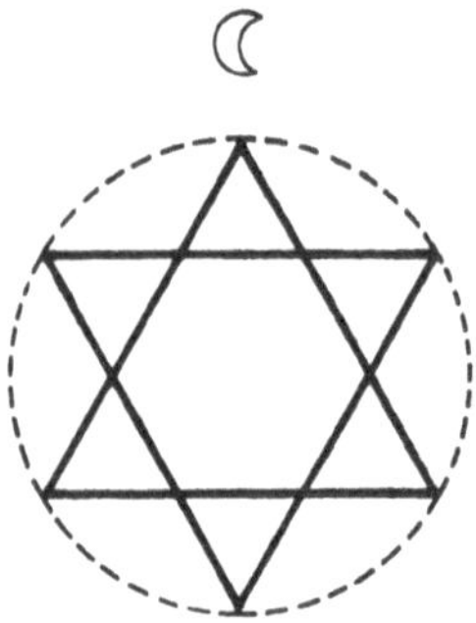

Das Ich draußen

Das Ich innen

Steiner gab gelegentlich auch einen anderen Rosenkreuzerspruch, der gewissermaßen in Hexagramm-Form, in der Attitüde des Hexagramms, meditiert werden sollte: «Licht strömt aufwärts, Schwere lastet abwärts.» Dabei sollten die Arme gespreizt nach oben, die Beine gespreizt nach unten die beiden Dreiecke darstellen.[14]

Nun ist der Grundstein, der 1913 als Pentagon-Dodekaeder in die Erde gelegt wurde, ganz auf dem Pentagramm, dem Fünfeck, aufgebaut. Es sind zwölf Fünfflächer, die aus den zwölf Weltenrichtungen zu diesem Dodekaeder zusammenkommen. Wenn wir also von dem Stein der Weisen zu dem Liebesstein kommen wollen, müssen wir eine ganz wesentliche Metamorphose berücksichtigen, die Metamorphose vom Hexagramm zum Pentagramm. Bekanntlich ist das Hexagramm ein Bild der Mondenkräfte. Die mit dem Monde zusammenhängenden Blumen wie die Lilien und alle Liliaceae überhaupt, zeigen in ihrem Diagramm das regelmäßige Sechseck. Die aus Sonnenkräften entsprossenen Blumen wie die Heckenrose und alle Rosaceae sind auf dem Pentagramm aufgebaut. Wir erinnern uns dabei an einen der letzten Abschnitte der *Geheimwissenschaft*, in dem gesagt wird, dass der alte Mond der Kosmos der Weisheit war und als solcher zugrunde liegt allem, was weisheitsvoll angeordnet ist auf Erden. Unsere Erde aber soll werden zu einem Kosmos der Liebe. Von Weisheit zu Liebe führt die Entwicklung durch das Ich. «Liebe», so sagt Rudolf Steiner in der *Geheimwissenschaft*, «ist das Ergebnis der im Ich wiedergeborenen Weisheit.»

Wenn wir nun die beiden Diagramme anschauen, so ist das Pentagramm sozusagen ein verinnerlichtes Hexagramm. Wenn zum Beispiel die Eurythmisten ein Hexagramm abschreiten, etwa in bestimmten Rhythmen, so müssen sie immer wieder außen um das Hexagramm herumgehen, um einen neuen Anfangspunkt zu gewinnen. Wer jedoch das Pentagramm abschreitet, bleibt innerhalb desselben, er braucht es nicht zu umkreisen, sondern gestaltet es von innen heraus (S. 54).

Diese Tatsache führt vor Augen, was vorgegangen ist, als durch das Mysterium von Golgatha unsere Erde ihren eigentlichen Sinn erhielt: das Ich ist nicht mehr außerhalb der Wesensglieder, sondern durchdringt sie. Es wäre eine wunderbare Meditation, sich vorzustellen, wie das Hexagramm sich in ein Pentagramm verwandeln kann, und dabei nachzufühlen sowohl den Schmerz der Verinnerlichung als auch die Harmonisierung, die aus der Vervollkommnung der Figur hervorgeht.

So war es auch bei den alten Alchemisten: sie lebten und wirkten aus uralter Verbundenheit mit geistigen Entwicklungsgesetzen; in ihrer Sehnsucht trat dann zu einer bestimmten Zeit eine Ahnung davon auf, dass der Stein der Weisen zum Leib Christi werden soll. Einige der Alchemisten, wie z. B. Raimundus Lullus, haben zum Ausdruck gebracht, dass ihre ganze Sehnsucht darauf gerichtet sei, den höheren Leib, den Rudolf Steiner das Phantom nannte, vorzubereiten.[15] Ihr Suchen fand Erfüllung dadurch, dass Rudolf Steiner tatsächlich die Umwandlung vom Stein der Weisen in den Liebes-Grundstein vollbrachte. So ist diese Grundstein-Meditation eine fortwährende Übung, in uns auf geistig-meditativem Wege die reinen Liebeskräfte in unserer dreigliedrigen Organisation zu erzeugen.

# Die sieben Rhythmen

Nachdem am Dienstag, dem 25. Dezember 1923, vormittags um 10 Uhr, die Grundsteinlegung stattgefunden hatte, fingen die Versammlungen an den sieben darauffolgenden Tagen morgens immer damit an, dass Rudolf Steiner den Grundstein-Spruch teilweise wieder las und daran Betrachtungen über bestimmte Rhythmen anknüpfte, welche die einzelnen Zeilen des Spruches miteinander in Verbindung brachten. Diese kurzen Ansprachen mit den dazugehörigen Rhythmen sind alle im Druck erschienen, sodass sie nicht vollständig wiedergegeben zu werden brauchen.[16] Man hat sich seither wohl oft gefragt, aus welchen tieferen Gründen die Rhythmen in dieser Weise zusammengefasst wurden. Selbstverständlich ist daraus vieles abzulesen. Hier soll versucht werden, über den inneren Zusammenhang der Rhythmen als solchen etwas zu sagen, ausgehend von dem Gedanken, dass die ganze Grundstein-Meditation eine neue Geist-Leiblichkeit in uns erzeugen kann.

Solche Geist-Leiblichkeit hat begreiflicherweise wieder in sich selbst eine subtile Gliederung und wird letzten Endes durch eine innere Aktivierung des Ich in den verschiedenen Sphären des Bewusstseins hervorgerufen.

Man wundert sich deshalb nicht, dass am ersten Tag – am *Mittwoch, dem 26. Dezember* – die drei Übungen hervorgehoben werden: Geist-Erinnern, Geist-Besinnen, Geist-Erschauen, und dass im Zusammenhang damit meditiert werden sollen die Worte, die sich auf das Ich beziehen; bei dem Geist-Erinnern die Worte: «Das eigne Ich im Gottes-Ich erweset»; bei Geist-Besinnen: «Das eigne Ich dem Welten-Ich vereinen»; bei Geist-Erschauen: «Das eigne Ich zu freiem Wollen schenken».

Betont wurde, dass eine moralische Empfindung erlebt werden kann, wenn man sieht, was da aufsteigt vom «erweset» zum «vereinen», zum «schenken». Zum Abschluss der kurzen Ansprache sagte Rudolf Steiner, dass man in dem inneren Rhythmus dasjenige haben werde, «was in diesen Tagen die geistige Welt wirklich zu uns bringt zur Erhebung unserer Herzen, zur Erleuchtung unseres Denkens, zur Beflügelung und Enthusiasmierung unseres Wollens».

Die drei bereits oben beschriebenen Ich-Erlebnisse, nämlich das Erleben des Ich aus der Vergangenheit durch die Gegenwart, in die Zukunft hinein, als ein immerfort Werdendes, sind hier so in den Mittelpunkt des Bewusstseins gestellt, dass man sich dadurch im Kopf, im Herzen und im Wollen zu seinem höheren Ich hinaufgehoben fühlt. Es ist dieses höhere Ich, das dann weiter seinen Weg geht durch die ganze Grundsteinlegungs-Meditation.

*Donnerstag, den 27. Dezember,* folgte wieder das Lesen der ersten Teile der Meditation; dabei wurde an diesem Tag im Rhythmus ausgegangen von den drei Ich-Erlebnissen: «Das eigne Ich im Gottes-Ich erweset»; «Das eigne Ich dem Welten-Ich vereinen»; «Dem eignen Ich zu freiem Wollen schenken». Anschließend wurden die Worte gesprochen: «Und du wirst wahrhaft leben im Menschen-Welten-Wesen»; «Und du wirst wahrhaft fühlen im Menschen-Seelen-Wirken»; «Und du wirst wahrhaft denken in Menschen-Geistes-Gründen». Wir erinnern uns dabei, dass es das Ich ist, was in dem astralischen Leib die dreifache Umwandlung hervorruft und die verschiedenen Seelenglieder entstehen lässt. Eine wirkliche Selbsterkenntnis beruht auf einer Umformung der Seelenkräfte. Durch diesen Rhythmus dringt man tief hinein in die Grundstruktur der Seele. Wahrhaft leben – wahrhaft fühlen – wahrhaft denken heißt wohl, durch die Tätigkeit des Ich hervorholen die reinen

Seelenkräfte. Der astralische Leib des Menschen wird durch diese Tätigkeit eine Läuterung erfahren, er wird, wie Rudolf Steiner es ausdrückte, zu einer Jungfrau Sophia. Durch solche Läuterung bildet er sich um zum Geistselbst, zum Manas. Erst in solch umgewandeltem Astralleib wird man wahrhaft leben, fühlen und denken, weil man dann erst die Kräftewelt betritt, in der Mensch und Weltall einander harmonisch durchdringen.

Zum Schluss der dazugehörigen Ansprache wird gesagt, wie in einer solchen Meditation zu empfinden sind die «Aussprüche der Weltengeheimnisse, insofern diese Weltengeheimnisse in der Menschenseele auferstehen als menschliche Selbsterkenntnis.»

Es wird einem auffallen, dass hier gesprochen wird von wahrhaft leben, wahrhaft fühlen, wahrhaft denken – und nicht, wie man vielleicht erwarten würde, von wahrhaft wollen. Es handelt sich nämlich zunächst noch um diejenigen Kräfte, die als unbewusste Willenskräfte, das heißt Lebenskräfte, in der menschlichen Organisation wirksam sind. Erst später erscheint, wie man sich erinnert, das Wort «wollen», nämlich im Zusammenhang mit dem Denken. Im dritten Hauptteil geht dem «wahrhaft denken» voran: «Dem eignen Ich zu freiem Wollen schenken». Es wird damit hingedeutet auf das Geheimnis: was man im gewöhnlichen Leben Wollen nennt, lebt noch ganz im Verborgenen, in den Lebenskräften, die sich in der Seele als Triebe, Begierden usw. offenbaren. Erst wenn der Mensch die Möglichkeit der Freiheit erkannt hat, wird das Wollen als solches geboren und zeigt sich in seinem geistigen Zusammenhang als eins mit dem Denken.

*Freitag, der 28. Dezember,* fing damit an, dass die drei ersten Abschnitte gelesen wurden; dazu traten dann aber die jeweiligen zwei ersten Zeilen des zweiten Abschnitts:

«Denn es waltet der Vatergeist der Höhen
In den Weltentiefen Sein-erzeugend.»

«Denn es waltet der Christus-Wille im Umkreis
In den Weltenrhythmen Seelen-begnadend.»

«Denn es walten des Geistes Weltgedanken
Im Weltenwesen Licht-erflehend.»

Diesen letzten Zeilen wurden als Rhythmus angegliedert die anfangs gegebenen Rhythmen: übe Geist-Erinnern, übe Geist-Besinnen, übe Geist-Erschauen. In der Ansprache wies Rudolf Steiner darauf hin, dass es diese Zusammenhänge sind, die aus dem Weltenrhythmus heraus gehört werden. Das «Übe Geist-Erinnern» ist eine Tätigkeit, «die in der eigenen Seele sich vollziehen kann. Sie entspricht draußen im großen Weltall demjenigen, was zum Ausdrucke kommt mit den Worten: Denn es waltet der Vatergeist der Höhen … usw.» Auch auf die beiden anderen Übungen kommen die Antworten aus dem Weltenall.

Was heißt das? Wenn das Ich durch die Übungen immer tiefer eindringt in die verborgenen Teile der menschlichen Wesenheit, erlebt es durch den Astralleib hindurch den Ätherleib. Dabei ist zu beachten, dass man das Ätherische nicht in der gleichen Art in sich erlebt wie das Astralische mit den verschiedenen Seelengliedern. Oft hat Rudolf Steiner, besonders in den letzten Jahren seiner Wirksamkeit, auf das Gesetz der Umstülpung hingewiesen. Die Kräfte des physischen Leibes sind in zentripetaler Richtung zu suchen, hinorientiert nach dem Mittelpunkt der Erde. Will man aber den Ätherleib kennenlernen, muss man auf die Kräfte hinsehen, die aus dem Kosmischen wirken, die zentrifugal sind. Der Astralleib hingegen hat wieder eine abschließende, nach innen gerichtete Tendenz, weil er die Menschenseele zu einer in sich ruhenden

Innerlichkeit führt. Wenn also das Ich bis zu den ätherischen Kräften durchstößt, erlebt es da plötzlich eine Art Umstülpung aus dem Irdischen in das Kosmische hinein. Deshalb erfolgt auf die dreifache Mahnung zu üben eine Antwort aus dem Weltenall. Dadurch wird zu gleicher Zeit der Mensch von seiner individuellen Ichheit geführt zu derjenigen Ich-Kraft, die als Ich-Kraft der Gesamtmenschheit im Kosmischen lebt. Als physischer Mensch kann man sich abgeschlossen von seinen Mitmenschen fühlen, als ätherischer Mensch jedoch nicht. Obwohl selbstverständlich die Kräfte des eigenen Ätherleibes eine Bindung in der Richtung der eigenen Ichheit darstellen, ist doch das Ätherische immer Menschheit-umfassend und Menschheit-durchdringend. Im Ätherischen sind wir bereits auf dem Wege, zur Menschheit zu werden. Wenn nun der Ätherleib, durch das Ich umgeformt, zum Lebensgeist (Budhi) wird, dann ist tatsächlich die Stufe erreicht, auf welcher der Mensch nicht nur Einzelmensch ist, sondern zugleich schon in sich trägt diejenigen Kräfte, die ihn mit der Gesamtmenschheit eins werden lassen.

So ersieht man aus diesen drei ersten Rhythmen, wie das Ich aufgerufen wird, zu einer erhöhten Erkenntnis seiner selbst zu kommen dadurch, dass es die drei genannten Übungen verrichtet und die Kräfte des Astralleibes durchdringt, diesen umwandelnd zum Geistselbst (Manas); dann noch tief er eindringt in den Ktherleib, diesen umwandelnd zum Lebensgeist (Budhi).

Der *Samstag des 29. Dezember* brachte wieder die Worte der ersten drei Abschnitte, dann anschließend die zweiten Abschnitte bis zu den Rosenkreuzersprüchen. Aufs Neue werden im Rhythmus zuerst die drei Übungen gegeben und dargestellt in ihrer Beziehung zu den drei Hierarchien, deren neun Chöre mit ihren Namen angerufen werden. Zur ersten

Hierarchie ertönen die Worte: «Lasset aus den Höhen erklingen, was in den Tiefen das Echo findet.» Bei der zweiten: «Lasset vom Osten befeuern, was durch den Westen sich gestaltet.» Bei der dritten: «Lasset aus den Tiefen erbitten, was in den Höhen erhöret wird.»

Nun geht das Ich durch die drei Übungen bis zu den Uranfängen der Menschwerdung zurück. Man darf wohl dabei empfinden, wie in den uraltesten Zeiten der Saturnentwicklung die Menschenwesenheit noch ungeboren in den Imaginationen, Inspirationen und Intuitionen der göttlichen Wesenheiten lebte, und wie zuerst aus allen Weltenkräften heraus die Grundlage des physischen Leibes gebildet werden musste, mit dem Ziel, dass in ferner Zukunft, am Ende des ganzen Entwicklungs-Zyklus, der Geistesmensch (Atman) entstehen soll. Die Neunfältigkeit der hierarchischen Welt als Offenbarung der Gottes-Trinität wird in diesem Rhythmus als Übungsweg für das Ich gegeben; es soll erkannt werden, wie der physische Leib aus höchsten göttlichen Kräften gebildet wurde und wie das Ich dadurch, dass diese Kräfte erkannt werden, ihn umbilden kann zu dem Höchsten, das in ferner Zukunft zum Geistesmenschen (Atman) wird.

*Am Sonntag, dem 30. Dezember,* wurden wieder die drei ersten Abschnitte gelesen. Dann wurden die drei Übungen und anschließend der ganze vierte Hauptteil gelesen: «In der Zeitenwende …»

Als Rhythmus wurden an die Tafel geschrieben die drei Übungen und dazu nur die letzten Zeilen des vierten Hauptteiles: «Dass gut werde, was wir aus Herzen gründen, aus Häuptern zielvoll führen wollen.» Schon vorher ist darauf hingewiesen worden, dass dieser vierte Hauptteil der Meditation einen ganz anderen Ton habe als die drei vorhergehenden. Während in den ersten drei Hauptteilen eine unendliche Steigerung im

Geistig-Hierarchischen, im Göttlichen, gegeben ist, klingt der vierte Hauptteil wie eine schlichte Erzählung, eine alte Legende. Diese Legende klingt schließlich aus in ein Gebet. Die Worte sind so einfach gewählt, dass sie einfacher nicht gedacht werden können, doch ist in ihnen die ganze Welt im Innersten erfasst. Im Rhythmus sind es nur die zwei, an Herz und Haupt sich richtenden Bitten: «dass gut werde, was wir aus Herzen gründen, aus Häuptern zielvoll führen wollen». Durch diesen Rhythmus wird man nicht nur zum Mysterium von Golgatha geführt, das in der Zeitenwende stattgefunden hat, sondern darüber hinaus zu dem, was in der Zeit der alten Sonnenentwicklung als vorbereitende Taten der Christus-Wesenheit geschehen ist. Dann wird der innere Blick hingeleitet nach den zwei Weltenströmungen, die als Hirten- und Königsströmung auf dem physischen Plan erscheinen, so wie es die beiden Geburts-Darstellungen der Evangelien wiedergeben. In den Schlussworten wird das alles zu einem tiefinnerlichen Gebet der Menschenseele: dass in der Zukunft dieses göttliche Licht, diese Christus-Sonne, die Menschheit bilden möge.

Dieser Rhythmus macht das Weihnachtsfest nicht nur zu einem Fest der Erinnerung an die Geburt des Weltenlichtes; der Menschenseele wird darüber hinaus ein Welten-Weihnachtserleben vermittelt, das, von der Ursonne durch das Golgatha-Mysterium führend, hinweist auf eine Zeit, in der die Erde wieder Sonne sein wird. «Dass auch sie einst Sonne werde», sagt Christian Morgenstern. Dazu soll die Grundstein-Meditation die inneren Kräfte verleihen.

*Am Montag, dem 31.Dezember,* wurden aufs Neue die drei ersten Abschnitte gelesen, dazu der vierte Hauptteil, und dann als Rhythmus gegeben: «Göttliches Licht, Christus-Sonne.» – «Das hören die Elementargeister von Osten, Westen, Norden, Süden: Menschen mögen es hören.»

In der Ansprache, die diesmal nur wenige Sätze enthielt, sprach Rudolf Steiner davon, «wie dieses göttliche Licht, diese Christus-Sonne leuchten, sodass sie wie die leuchtenden Sonnen gehört werden können von Osten, Westen, Norden, Süden». Wer denkt da nicht an Goethes Wort von der tönenden Sonne! Hier wird hingewiesen darauf, dass die Christus-Sonne als leuchtende Sonne gehört wird von den Elementargeistern von Osten, Westen, Norden, Süden. Es wird gesagt, dass sie es hören. Christus ist durch das Golgatha-Mysterium mit der Erde verbunden, er lebt in der Welt des Ätherischen, in der die Elementargeister als lebendige Wesen vorhanden sind. Sie haben das Ereignis von Golgatha bereits in sich aufgenommen. Menschen mögen es hören! Das ist die Aufgabe, die dieser Rhythmus uns stellt, uns hineinzuleben in die vom Christus-Licht durchdrungene Natur, und dort mit den Elementarwesen zu lernen, das Christus-Licht als Schöpfungswort einer neu-werdenden Erde zu verstehen.

*Dienstag, den 1. Januar,* wurden wiederum die ersten drei Abschnitte gelesen, dazu die entsprechenden zweiten Abschnitte bis zu den drei Rosenkreuzer-Sprüchen; dann schrieb Rudolf Steiner einen «einfachen Rhythmus», wie er sagte, «in unsere Seelen ein». Nach allem, was vorangegangen, war dieser Rhythmus tatsächlich denkbar einfach. An die drei Zeilen: «Du lebest in den Gliedern» – «Du lebest in dem Herzens-Lungen-Schlage» – «Du lebest im ruhenden Haupte» – schlossen sich an die Anfangszeilen der drei zweiten Abschnitte: «Denn es waltet der Vatergeist der Höhen, in den Weltentiefen Sein-erzeugend» – «Denn es waltet der Christus-Wille im Umkreis, in den Weltenrhythmen Seelen-begnadend» – «Denn es walten des Geistes Weltgedanken in Weltenwesen Licht erflehend.» Lässt man diese Rhythmen auf sich wirken, so ist zu spüren, wie im Innern geboren wird der neue Mensch, der zukünftige Mensch – dreigliedrig, wie wir gesehen haben, ganz im Ätherischen ruhend. Es ist der Leib, dessen der Mensch sich in zukünftigen Zeiten wird bedienen können, der dreigliedrig-ätherische Mensch, der als solcher ein Organ ist, in dem der ätherische Christus leben kann. Es ist der dreigliedrige Mensch, herausgeboren aus den Kräften der Trinität.

Vielleicht haben diese kurzen Ausführungen bereits gezeigt, dass eine tiefe innere Beziehung besteht zwischen den Rhythmen und den jeweiligen Tagen, an denen sie gegeben wurden. Ohne die damit gemeinten Zusammenhänge allzu sehr festlegen zu wollen, kann man doch darauf hinweisen, dass es einen tiefen Sinn haben mag, wenn die eigentliche Grundsteinlegung an einem *Dienstag* stattfand. Die ganze Macht und Größe und Weisheit aus der ersten Hälfte der Erdentwicklung, der Mars-Phase, wirkte zusammen, um jenen Kräften Bahn zu brechen, die seit dem Golgatha-Mysterium zur zweiten Hälfte der Erdentwicklung, der Merkur-Phase, hinüberführen. Am *Mittwoch* wurde dann sofort an das im Menschen appelliert, was diesen Merkur-Kräften entspricht. Der *Donnerstag* brachte bereits einen Hinweis auf die Umwandlung des Astralleibes zum Manas, eine Umwandlung, die erst in der kommenden Jupiterzeit vollständig erreicht werden kann. Am *Freitag* wurde auf die Venus-Periode hingewiesen, in der sich der Ätherleib zur Budhi gewandelt haben wird. Am *Samstag* deutete Rudolf Steiner auf das, was der neue Saturn, in seiner Erscheinung als Vulkan, bringen wird, nämlich den Geistesmenschen als umgewandelten physischen Menschen (Atman). Der *Sonntag* ergab den Rhythmus, in dem uns das Sonnenmysterium als solches erschien, während der *Montag* die uralten Weisheitskräfte, die in der elementarischen Welt noch wirksam sind, zum Christlichen umgewandelt, verkündete. Am *Dienstag* schließlich war man wieder im

Zeitenrhythmus beim Urbeginne angekommen. Die Grundstein-Meditation zeigte ihre ganze Bedeutung in einfachstem Rhythmus, doch in einem Rhythmus, der den neuen Leib des kommenden Menschen in uns hervorbringen soll.

# Das Vaterunser

Einer der tiefsten, vielleicht der allertiefste Aspekt des Grundsteins zeigt sich, wenn man seinen Zusammenhang mit dem Vaterunser betrachtet.

Das Vaterunser ist das Ur-Gebet der Christenheit, das durch viele Jahrhunderte von Millionen Menschen gebetet wurde, in allen Lebensstimmungen von frommer Hingabe, Dank, Angst und Verzweiflung, in Schmerz und Not, von hochgebildeten Menschen oder einfachen Bauersleuten, von Angehörigen der weißen oder farbigen Rassen. Man kann sagen, dass es für alle das Gebet war, das ihre Seelen mit den himmlischen Kräften verband. Es ist einfach in Worten und unendlich tief in seiner esoterischen Bedeutung.

Rudolf Steiner hat schon im Jahre 1907 in einem Vortrag[17] über das Vaterunser gesprochen und berührte dabei die tiefere Verwandtschaft von Meditation und Gebet. Um jene Zeit hatte er vor- und nachher besonders über das Böse gesprochen, über den Sinn des Leides, über Krankheit und Tod. In seiner Betrachtung des Vaterunsers weist er darauf hin, dass eine pythagoräische Figur, das Dreieck und Viereck, der ganzen Struktur dieses Gebetes zugrunde liege. In dem Dreieck, das über dem Viereck steht, sind die höchsten Kräfte der Welt, die göttliche Trinität von Vater, Sohn und Geist versinnbildlicht, die im Menschen zunächst nur als Keim von Atma, Budhi und Manas vorhanden sind. Nach dem Anruf «Vater unser, der du bist in dem Himmel» folgen die Zeilen «Dein Name werde geheiligt, dein Reich komme zu uns, dein Wille geschehe» – entsprechend dem Heiligen Geist, Sohn und Vater – im Menschen Manas, Budhi und Atma. Jetzt kann vom Himmel zur Erde übergegangen werden, weil in der lemurischen Zeit das

Ich, bis dahin in göttlichen Höhen gehalten, dem Menschen eingepflanzt wurde. Im Viereck, das unter dem Dreieck steht, folgen die vier Bitten. Sicher war es von außerordentlicher Bedeutung, dass Rudolf Steiner in dem erwähnten Vortrag die vier Bitten mit den vier Wesensgliedern des Menschen: physischer Leib, Ätherleib, Astralleib und Ich in Verbindung brachte, weil dadurch die Worte, in die diese Bitten gefasst sind, ihren eigentlichen Sinn erhalten. Er weist darauf hin, dass der physische Leib im Grunde immer eine Art Durchgangsort ist, durch den die physischen Erdenstoffe hindurchgehen und dabei verwandelt werden. Oft hat er hervorgehoben, dass im Laufe von sieben Jahren der ganze stoffliche Zusammenhang des Menschenleibes sich erneuert. Was vor etwa zehn Jahren in uns war, ist jetzt draußen in der Natur, und anderes ist wieder in uns eingezogen. Die Bitte um das tägliche Brot bezieht sich somit auf diesen fortdauernden Prozess des Durchströmtwerdens von Substanzen, die der göttlichen Natur angehören und in die wir immerzu eingebettet sind.

Die zweite Bitte «Vergib uns unsere Schulden, wie auch wir vergeben unseren Schuldigern» bezieht sich auf den Ätherleib, durch den der Mensch nicht nur für sich allein existiert, sondern verbunden ist mit seiner menschlichen Umgebung, seiner Familie, seinem Volk, seinen Zeitgenossen. Der Ätherleib ist der Träger von Neigungen und Gewohnheiten, und wenn der Mensch in dieser Sphäre Fehler macht, ist er, so sagt Rudolf Steiner, hauptsächlich ein Sünder im Kreise seiner Mitmenschen, während die Sünden individueller Art mehr durch den Astralleib begangen werden. «In aller Geheimwissenschaft hat man von jeher dasjenige, was Fehler gegen die Gemeinschaft ist, was aus dem fehlerhaften Ätherleib fließt, als Schuld bezeichnet.»

Die dritte Bitte «Führe uns nicht in Versuchung» hat unmittelbar mit dem Astralleib zu tun, denn gerade im Astralleib unterliegt der Mensch fortwährend den Kräften der Versuchung, weil durch den Sündenfall dem Astralleib eine scheinbare Selbstständigkeit gewährt wurde.

Die vierte Bitte «Erlöse uns von dem Übel» bezieht sich direkt auf das Ich, weil dieses Ich unmittelbar von den Kräften angegriffen wird, die einsetzen konnten, als der Mensch zur Selbstständigkeit kam. Es ist die Selbstsucht, die im Ich wirksam ist. «Das Wort übel wird in der Geheimwissenschaft niemals für etwas anderes angewendet als für eine Verfehlung aus dem Ich heraus. Übel ist also die Verfehlung aus dem Ich heraus, Schuld ist die Verfehlung, die der Ätherleib im sozialen Leben begeht, im Zusammenleben mit den Menschen. Versuchung ist dasjenige, was den Astralleib treffen kann, insofern er individuell-persönlich fehlerhaft ist. Der physische Leib nimmt fortwährend physische Stoffe als Nahrungsstoffe auf und hält dadurch seine Existenz aufrecht.»

Es wurde bereits darauf hingewiesen, dass Rudolf Steiner bei der Grundsteinlegung 1913 zum ersten Mal das makrokosmische Vaterunser als Teil des Fünften Evangeliums übermittelt hat. In einem Vortrag im Oktober 1913[18] stellte er auf ergreifende Weise dar, wie Jesus von Nazareth etwa im 24. Lebensjahr an einen Ort kam, an dem eine heidnische Kultstätte errichtet war, die die Priester schon längst verlassen hatten, und wo das Volk krank und siech weiterlebte. Als seine Seele dann von unendlicher Liebe ergriffen wurde, drängten die Menschen ihn zum Opferaltar und verlangten, dass er das Opfer verrichte, damit der Segen des Gottes wieder über sie komme. Rudolf Steiner beschreibt, dass er wie tot hinfiel, die entrückte Seele sich erhoben fühlte in geistige Bereiche und dann Worte hörte, die von einer Art verwandelten Stimme des Batkol ausging. Was Jesus von Nazareth hörte, waren die Worte des makrokosmischen Vaterunsers:

«Aum, Amen!
Es walten die Übel,
Zeugen sich lösender Ichheit,
Von andern erschuldete Selbstheitschuld,
Erlebet im täglichen Brote,
In dem nicht waltet der Himmel Wille,
Da der Mensch sich schied von Eurem Reich
Und vergaß Euren Namen,
Ihr Väter in den Himmeln.»

Als dann später Christus mit den Jüngern zusammen war, fand er die Möglichkeit, das makrokosmische Vaterunser umzuwandeln, weil jetzt die Zeit gekommen war, wo der Mensch von sich aus, sozusagen von unten hinauf, den Weg in die geistige Welt zu gehen hatte. Und so verwandelte er alle Zeilen des Gebetes, an erster Stelle die letzte Zeile. Der Mensch sollte sich jetzt nicht mehr an die geistigen Hierarchien richten, sondern an das Eine Geistwesen, das als Vater angesprochen werden sollte. So entstand das Vaterunser anschließend an die Bergpredigt.

Als Steiner 1923 die Grundsteinlegung der Allgemeinen Anthroposophischen Gesellschaft vollzog, war der eigentliche Mysterienakt, wie schon gesagt, das Sprechen der Grundstein-Meditation. Es ist eine ebenso tiefe wie umfassende Meditation, in ihrem Abschluss aber zugleich wie ein Gebet geformt. Die sieben Ur-Zusammenhänge, die zwischen Mensch und Welt bestehen, und die sowohl im makrokosmischen wie im mikrokosmischen Vaterunser angesprochen werden, erscheinen in einer doppelten Dreiheit. Erst in den sieben Rhythmen kommen sie als solche wieder zum Vorschein.

Auch zahlenmäßig zeigt die Grundstein-Meditation eine besondere Struktur: nach dem dreifach gesprochenen Anruf

«Menschenseele» kommen je 12 Zeilen. Dann folgen in den anschließenden makrokosmischen Teilen dreimal 7 Zeilen, an die jedes Mal noch die drei Zeilen über die Elementargeister und die Menschen angefügt sind. Der vierte Teil besteht aus 13 (= 12 + 1) und 12 Zeilen. Solche Gliederung ist nicht unwesentlich, denn in der Meditation drücken sich auch diese intimen zahlenmäßigen Gesetzmäßigkeiten im Ätherischen ab.

Selbstverständlich taucht, wenn man die volle Bedeutung der Grundsteinlegungen von 1913 und 1923 durchlebt, auch die Frage auf, wie sich die Grundstein-Meditation zum Vaterunser verhält. Es scheint fast eine Selbstverständlichkeit, dass das Vaterunser ganz darin enthalten sein muss. Ist doch die Grundstein-Meditation eine Übung für eine Menschengemeinschaft, die im Sinne des kommenden Christentums mikrokosmische und makrokosmische Gesetzmäßigkeit ineinander verweben soll.

Wenn man das vorangehende Kapitel über die sieben Rhythmen gelesen hat, ist der Zusammenhang leicht zu ersehen: die sieben Rhythmen entsprechen nämlich in ihrer Reihenfolge den sieben Zeilen des makrokosmischen Vaterunsers. Während die gesamte Grundstein-Meditation aufgebaut ist auf den drei Übungen von Geist-Erinnern, Geist-Besinnen, Geist-Erschauen, werden in den Rhythmen zugleich auch angesprochen die Verwandlungskräfte, die die Bildung der höheren Wesensglieder bewirken sollen. Nachdem das Ich durch die Übungen in seiner dreifachen Beziehung zu Vergangenheit, Gegenwart und Zukunft erkannt worden ist, werden Astralleib und Manas, Ätherleib und Budhi, physischer Leib und Atma ins Bewusstsein heraufgehoben. Sehen wir uns jetzt das makrokosmische Vaterunser an im Zusammenhang mit dem mikrokosmischen Vaterunser und den sieben Rhythmen. Nach dem heiligen Anruf «Aum, Amen!» entspricht die Zeile

«Es walten die Übel» der Bitte «Erlöse uns vom Übel». Im ersten Rhythmus handelt es sich, wie wir schon gesehen haben, um eine Erkenntnis des Ich, das mit dem Übel unmittelbar zu tun hat.

Der zweite Satz «Zeugen sich lösender Ichheit» entspricht der Bitte «Führe uns nicht in Versuchung». Im zweiten Rhythmus aber handelt es sich darum, dass das Ich in den Astralleib eingreift und zu wahrem Leben, Fühlen und Denken führt, wodurch die Geburt des Manas vorbereitet wird. Der Astralleib wird befreit von den Kräften des Versuchers.

Der nächste Satz «Von andern erschuldete Selbstheitschuld» entspricht der Bitte «Vergib uns unsere Schulden, wie auch wir vergeben unseren Schuldigern.» Der dritte Rhythmus zeigte sich uns in seinem Zusammenhang mit dem Ätherleib, und zwar so, dass der kosmische Aspekt des Ätherischen dadurch in uns erlebt wird, weil man in der Meditation von diesem Rhythmus gerade auf die ersten Zeilen der makrokosmischen Teile des Spruches übergeht (vgl. S. 60). Man tritt dadurch in die außerirdischen, ätherischen Gesetzmäßigkeiten ein.

Es folgt darauf die Zeile «Erlebet im täglichen Brote», die umgewandelt wurde in «Gib uns heute unser tägliches Brot». Im vierten Rhythmus nun wird uns die Möglichkeit gegeben, den physischen Leib in seiner Urgestalt sowie in seiner künftigen Wesenheit als Atma zu erleben.

Nach diesen vier Bitten folgen die drei Zeilen über Wille, Reich und Namen. Es kommt zuerst der Satz «In dem nicht waltet der Himmel Wille», ein Satz, der umgebildet wird in «Dein Wille geschehe». Man betritt die Welt des Vaters. Der fünfte Rhythmus, der dazugehört, bringt die Zeitenwende als solche, das heißt, man wird erinnert an die Tatsache, dass der Sohn auf die Erde kommt und die Seele des Menschen wiederum mit dem Vater verbindet. Es offenbart sich das wahre Verhältnis, das zwischen ihm, dem Sohn und dem Vater besteht. Insbesondere im hohenpriesterlichen Gebet bittet Christus den Vater, die von ihm herangeführten Seelen aufzunehmen.

«Da der Mensch sich schied von Eurem Reich» entspricht der Umkehrung «Dein Reich komme zu uns». Das Reich ist die Welt des Sohnes. Der sechste Rhythmus zeigt uns, dass dieses Reich schon auf Erden angekommen ist: «Göttliches Licht, Christus-Sonne.» Man meditiert anschließend die Worte «Das hören die Elementargeister von Osten, Westen, Norden, Süden: Menschen mögen es hören.» Rudolf Steiner fügte in seiner Ansprache noch hinzu, dass die leuchtenden Sonnen gehört werden können von Osten, Westen, Norden, Süden.

Die letzte Zeile «Und vergaß Euren Namen, Ihr Väter in den Himmeln» wird umgewandelt in «Dein Name werde geheiligt.» Das ist die Welt des Geistes. Man kann dabei bedenken, wie Rudolf Steiner im siebten Rhythmus, wie er sich ausdrückte, einen ganz einfachen Rhythmus gab. Er stellt das Bild des dreigliedrigen Menschen dar in vollkommenem Gleichgewicht der drei Seelenglieder und der Kräfte von Vater, Sohn und Heiligem Geist. In diesen sechs Zeilen erscheint der Mensch im Gleichgewicht zwischen Mikrokosmos und Makrokosmos, dreigliedrig in Natur und Geist, getragen von der Trinität als Ausdruck des göttlichen Schöpferwillens. Er kann dadurch erst seinen wahren Namen bekommen und spricht ihn aus, indem er den Namen der Gottheit ausspricht.

So ist das ganze Vaterunser in den sieben Rhythmen des Grundsteins enthalten.

# Vom Wesen des Grundsteins

In seiner Ansprache bezeichnete Rudolf Steiner den Grundstein als «dodekaedrisches, imaginatives Liebes-Gebilde», das vor unserem Seelenauge wird erglänzen können: «Jener Grundstein, der aus Welten-Menschen-Liebe seine Substanz, aus Welten-Menschen-Imagination seine Gestaltung und aus Welten-Menschen-Gedanken jenes Glanzes-Licht hat, das uns in jedem Augenblick, wenn wir uns an diesen Augenblick erinnern, mit warmem, aber unsere Tat, unser Denken, unser Fühlen, unser Wollen anspornendem Lichte entgegenstrahlen kann.»

Es liegt nahe, diese drei erwähnten Kräfte, die den Grundstein bilden, im Zusammenhang mit den drei Hierarchien zu sehen, die auch als Kräfte-Geister, Lichtes-Geister und Seelen-Geister beschrieben werden. In dieser Welt der Hierarchien werden wohl diejenigen Kräfte wirksam gewesen sein, die Rudolf Steiner als Welten-Liebe, Welten-Imagination und Welt-Gedanken anruft. Wo aber der Grundstein als ein Doppelgebilde erscheint, wird er in seinem anderen Teil aus menschlichen Kräften geformt, aus Menschen-Liebe, Menschen-Imagination und Menschen-Gedanken. Es ist eine kaum zu fassende Vorstellung, wie im Schoß der Hierarchien durch Jahrtausende hindurch geformt wird an diesem Urgebilde, was dann als Liebesstein zu uns kommt.

Die erste Hierarchie – Seraphim, Cherubim, Throne – als Träger der waltenden Weltenliebe zu sehen, ist nicht so schwer. Es ist die Hierarchie, die unmittelbar aus den göttlichen Höhen den Weltenplan entgegennimmt und ihn durch ihre Kräfte zur Ausführung bringt. Die schaffende Liebe des Vatergottes wird von den Seraphim als strahlende, weltschöpferische Liebe in unser werdendes Sonnensystem hineingestrahlt. Die Cherubim durchdringen die noch chaotischen, aber übermächtig großen Liebeskräfte mit göttlicher Weisheit, durch die sie harmonisiert werden. Die Throne ermöglichen es durch ihre Opferkraft, dass aus dieser göttlichen Liebe eine Welt entsteht, in der die Menschheit sich wird entwickeln können. Sie tragen in höchster Gnadenhuld das werdende Sonnensystem. So bildet die Liebe, die durch alle drei Chöre der ersten Hierarchie strömt, die eigentliche Substanz des Grundsteins; ist es doch diese Hierarchie, die Wesen schafft, welche aus sich selbst bestehen und sich fortentwickeln können.

Schwerer begreift man, wie die zweite Hierarchie – Kyriotetes, Dynamis, Exusiai – nun auch Lichtesgeister genannt, dem Grundstein seine Bildhaftigkeit und seine Gestaltung geben. Es sind aber immer Welten-Imaginationen, die da wirken. Wenn man vor sich hat, was Rudolf Steiner in seinen verschiedenen Werken über die zweite Hierarchie sagt – sowohl in der *Geheimwissenschaft* als auch in den verschiedenen Hierarchien-Zyklen –, dann weiß man, dass die zweite Hierarchie immer mit dem Lichte zu tun hat; im Lichte weben die Urbilder der Gottheit. Während der Sonnenentwicklung strahlen die Kyriotetes ihr Wesen aus als schenkende Tugend, und diese schenkende Tugend wird aus dem Umkreis, in dem die Erzengel wirken, zurückgestrahlt und erscheint als Licht. Ein inneres Licht ist es noch, das nicht, wie die heutige Sonne, am Himmel scheint. Dennoch ist es die Geburt des Lichtes. Der alte Saturn hingegen war noch in Dunkel gehüllt.

Eine spätere Verkörperung unseres Planeten, die Entwicklung der Mondphase, offenbart das Wirken der Dynamis. Im Menschenwesen wird der Astralleib geboren, und dieser Astralleib ist von der Sehnsucht nach dem Geiste erfüllt. Durch die Dynamis wird diese Sehnsucht gestillt, indem sie Welten-Imaginationen an diese Astralleiber herantragen.

Zum ersten Mal entsteht eine Art Bewusstsein, vergleichbar noch mit unserem Traumbewusstsein, das sich nur in Bildern darlebt. In unserer jetzigen Erdentwicklung zeigte sich dann von der lemurischen Zeit an das Wirken der Exusiai – wiederum ein Wirken im Lichte. Denn indem die Exusiai nun als Formgeister die Gestalten der Wesenheiten in die Erscheinung rufen, ist ihre Tätigkeit nicht innerhalb des Festen, Undurchdringlichen der Gestalten auf Erden zu suchen, sondern gerade dort, wo aus dem Lichte heraus die Gestalten als solche erscheinen; sie wirken sozusagen da, wo die Gestalten angrenzen an die geistige Welt. – So haben wir es hier dreimal mit Sonnenwirkungen zu tun. Das Licht erzeugt Formen, doch immer im Bildhaften, im Imaginativen. Es wirken Welten-Imaginationen. Und diese Welten-Imaginationen sind es, die dem Grundstein seine Gestaltung geben.

Die Weh-Gedanken, aus denen der Grundstein uns entgegenglänzt, werden von der dritten Hierarchie erzeugt, von den Archai, Archangeloi, Angeloi, die Rudolf Steiner auch als Seelen-Geister angesprochen hat. Sie alle haben im tieferen Sinn mit dem Denken, mit dem Welten-Denken zu tun. Die Angeloi, welche, wie es oft beschrieben wurde, mit der Sinneswahrnehmung verknüpft sind, wirken so, dass sie Erscheinungen, die um den Menschen herum auftreten, unmittelbar erfassen. Es ist ein Denken in konzentrierter Form. Nicht umsonst ist das Auge, das eigentlich das Sinnesorgan par excellence ist, eine Ausstülpung des Gehirns. Wenn der Blick etwas in der Außenwelt erfasst, ist im tieferen Sinne bereits der ganze Inhalt des Erfassten darin enthalten, wenn es auch der geistigen Intuition bedarf, den Vorgang zur Erkenntnis werden zu lassen. – Die Archangeloi wirken da, wo das eigentliche Denken innerhalb der Seele zur Tätigkeit kommt. Hier handelt es sich nicht um unmittelbar gegebene Inhalte, sondern um das, was die Seele, indem sie die Inhalte denkerisch verarbeitet, daraus macht. – Die Archai halten schließlich die Gedanken in den Erinnerungsbildern fest. Der Mensch, der in seinen Erinnerungen lebt, betätigt durchaus auch sein Denken, nur aus unbewussten oder halbbewussten Kräften heraus.

Selbstverständlich wirken in diesen drei Formen des Denkens die Seelenkräfte Vorstellen, Fühlen und Wollen auf ganz verschiedene Art. Bei den Erinnerungen steigen die Vorstellungen auf aus verborgenen Gebieten des Willenslebens, wo sie im Ätherleib durch die Anregung des Ich neu auferweckt werden, neu entstehen. Beim eigentlichen Denken als Prozess hat man es im Wesentlichen mit einer Aktivität zu tun, die immer zwischen Denken und Wollen hin und her spielt, und wo das Fühlen in tieferem Sinne mitbestimmend wirkt. Im Sinnes-Denken ist die Denkkraft primär gegeben, muss aber durch die beiden anderen Aktivitäten erst zum vollen Erwachen gebracht werden.

Die drei Chöre der dritten Hierarchie schenken durch ihre auf diese Weise entstehenden Welt-Gedanken dem Grundstein sein Glanzes-Licht.

Die Grundstein-Meditation soll uns dazu führen, diese schaffenden Tätigkeiten der Hierarchien zu erkennen und ihnen dann entgegenzutragen unsere Liebe, unsere Imaginationen und unsere Gedanken, damit der Grundstein nicht nur als hierarchisches Gebilde außerhalb von uns lebt, sondern in uns immer neu erzeugt wird. Dadurch wird er in uns zu einer Menschen-Welten-Leib erzeugenden Menschen-Welten-Seele.

# Mensch und Menschheit

Rudolf Steiner hat oft über Christus als «Repräsentanten» der Menschheit gesprochen; er hat ihn auch bezeichnet als das «Menschheits-Ich.» Der Begriff Menschheit taucht verhältnismäßig spät in der kulturellen Entwicklung auf. In vorchristlichen Zeiten rechnete man im Allgemeinen nur mit dem eigenen Volk oder eigenem Stamm. Noch die Griechen und Römer haben alle Menschen, die nicht zu ihrer Kultur gehörten, als Barbaren bezeichnet. Auch im religiösen Leben sah man die Götter als zu dem jeweiligen Volk, zur Rasse oder dem Stamm gehörig an. Jahwe war der Volksgeist der Juden. In Ägypten gab es eine ganze Anzahl von Göttern, die zu den verschiedenen Gauen gehörten, ja sogar die Städte hatten ihre besonderen Gottheiten. Etwas anders mag es wohl im alten Indien gewesen sein; damals war der Blick so sehr auf das Himmlische gerichtet, dass das Irdisch-Menschliche keine so große Rolle spielte.

Erst durch das Erscheinen des Christus auf Erden änderten sich die Verhältnisse. Christus spricht immer zu dem rein Menschlichen in den Menschen, zu welchem Volk oder Stamm sie auch gehören mögen, und ruft dadurch Erstaunen und Ärgernis bei den orthodoxen Juden hervor. In der Geschichte der Menschheitsentwicklung bedeutet dies etwas vollkommen Neues.

Der Mensch wird nun als ein Wesen angesehen, welches das Allgemein-Menschliche keimhaft in sich trägt, wenn es auch zunächst noch ganz überdeckt ist von dem, was mit Familie, Volk und Rasse zusammenhängt. Bis dahin hatte das Ich des Menschen im Blute gelebt. Christus aber sprach unmittelbar dieses Ich an und führte den Menschen dazu, sich bewusst zu machen, dass gerade die Blutzusammenhänge es sind, die ihn von der wahren Ich-Geburt fernhalten. Ganz eigentümlich mutet es an, wenn z. B. in den Paulus-Briefen von Grüßen zu lesen ist, die Paulus an die Mitglieder der Gemeinde, an die er sich wendet, ausrichten lässt. Er nennt dabei viele Namen, und kaum einer ist geschichtlich bekannt; der eine war vielleicht ein Adeliger, der andere ein Sklave, der dritte ein Handwerksmann. Wahrscheinlich gehörten sie sogar ganz verschiedenen Volksgruppen oder Stämmen an. Durch die Tat des Christus war etwas eingeleitet, das in der Menschheitsentwicklung immer größere Bedeutung gewinnen sollte. Man kann sagen, der Begriff einer Menschheit, innerhalb derer alle Menschen der Gotteskindschaft teilhaftig sind, war nun zum ersten Mal geboren.

Der Begriff wirkt weiter und wird im Humanismus sowohl philosophisch wie auch wissenschaftlich tiefer erfasst. Doch muss erst das Zeitalter der Bewusstseinsseele abgewartet werden, ehe konkret an die Aufgabe herangetreten werden kann, eine Menschheit zu werden. Zunächst durch die Entdeckungsreisen, durch die alle Rassen und Völker auf der ganzen Welt bekannt wurden, dann durch die sich anschließenden naturwissenschaftlichen Erfindungen, die im Fortlauf der Jahrhunderte Weltverkehr und Weltökonomie ermöglichten, wurden alle Menschen äußerlich zusammengeführt. Die schweren Probleme der letzten Jahrzehnte mit den beiden Weltkriegen zeigten darauf unserer Zeit, welch furchtbare Fragen damit auftauchten. Heute ist es soweit, dass die Menschheit im äußeren Sinne bereits zur Einheit geworden ist; es gibt keine Ereignisse von Bedeutung, die, soweit sie sich auf Erden abspielen, nicht in direkter oder indirekter Art alle Menschen beträfen.

Somit ist die Aufgabe gestellt, nun auch in tieferem Sinne eine Menschheit zu werden. Das ist nicht eine Sache des Sentiments oder des «guten Willens». Es genügt nicht, dass man es wünscht oder traumhaft empfindet, es sei «an der Zeit». Derartig gewaltige Zukunftsaufgaben können nur vollbracht werden, wenn der Einzelne in sich erkennen lernt, welche Kräfte in der Gesamtmenschheit geistig leben und auf Erden verwirklicht werden sollen. Man kann auch von einer Verchristlichung des Einzelmenschen sprechen. Insoweit er Christus in sich trägt, insoweit lebt das Menschheits-Ich in ihm, insoweit ist er Menschheit.

Die ganze Anthroposophie, so wie sie gegeben wurde, ist eine Vorbereitung dazu, sich als Einzelmensch im Gesamtwerden der Menschheit kennenzulernen. Es sei z. B. daran erinnert, dass jenes Kapitel der *Geheimwissenschaft*, in dem Rudolf Steiner den Menschen nach seinen neun bzw. sieben Wesensgliedern beschreibt, überschrieben ist: «Das Wesen der Menschheit.» – In diesem Zusammenhang sind auch seine Betrachtungen über Völkerpsychologie besonders zu erwähnen, die Charakterisierung der europäischen Völker nach den verschiedenartigen Ausgestaltungen ihrer Seelenglieder. Es werden dort Merkmale des Einzelmenschen verwendet, um die Völker zu kennzeichnen. Jedoch handelt es sich nicht darum, dass der Einzelne durch solche völkerpsychologischen Erkenntnisse sich in seiner volkhaften Absonderung erkennt, sondern umgekehrt, dass er wahrnehmen lernt, wie gerade dadurch, dass alle Kennzeichen der Völker sich auch im Einzelmenschen finden, der Mensch auf die Gesamtmenschheit hin veranlagt wurde.

Auch hier gibt uns die Grundsteinlegungs-Meditation einen direkten Weg an, sich darin zu üben. Wie schon gesagt, beziehen sich in den drei Hauptteilen jeweils die ersten Abschnitte auf die Erkenntnis des eigenen Menschenwesens, während in den folgenden Teilen über die Menschheit gesprochen wird, wie sie noch in der göttlichen Trinität und im Schoß der Hierarchien ruht und erst allmählich herausgeboren wird. In den ersten drei Teilen wird dreimal über das Ich gesprochen, wie es sich innerhalb der Menschenseele erkennen lernt, sowohl in dem dreigliedrigen Organismus als auch in der göttlichen Trinität. Später wird dann darauf hingewiesen, wie die Menschheit als solche aus dem Göttlichen geboren wird oder entsteht. Wenn der Vatergeist der Höhen, wie es heißt, in den Weltentiefen das Sein erzeugt, ist dieses Sein das Sein der werdenden Menschheit. Die erste Hierarchie lenkt die göttlichen Schöpferkräfte aus den Höhen in die Tiefen. Was aus den Höhen erklingt, findet in den Tiefen das Echo. «Dieses spricht: Ex Deo nascimur» oder: «Aus dem Göttlichen weset die Menschheit.»

Das Wirken des Christus innerhalb dieser werdenden Menschheit wird als ein die Seelen begnadendes beschrieben. Sein Wille waltet in den Weltenrhythmen, von denen die Menschenherzen alle im gleichen Rhythmus aufgenommen sind. Man kann sich vielleicht einmal meditativ vergegenwärtigen, wie über die ganze Oberfläche der Erde eine große Welle von Rhythmen geht, die alle einzelnen menschlichen Rhythmen von Herz und Lunge in sich enthält. Rudolf Steiner hat oft darauf hingewiesen, welcher Zusammenhang besteht zwischen dem Herzschlag des Menschen und den kosmischen Rhythmen von Tag, Lebensalter und platonischem Weltenjahr. Obwohl alle diese Blutsrhythmen im Einzelnen kleine Unterschiede aufweisen, urständen sie doch alle im großen Weltenrhythmus. Bedenkt man dabei, dass das Herz das einzige Organ ist, das wirklich auf Erden ist[19], dann kann man tatsächlich im Betrachten dieser Welle, die um die Erde herumgeht und in der alle Herzen zusammenschlagen, davon sprechen, dass es sich hier um die Anlage zur neuen Erde handelt. Rund um uns herum stirbt die Erde ab; neu entsteht sie in den Menschenseelen, und ein Anfang dieser neu-entstehenden Erde findet sich da, wo im Zusammenklingen der Rhythmen die Grundlage für eine neue Menschheit sich bildet.

Der Wille des Christus wirkt im Umkreis: das heißt in der Gesamtheit der Menschen, die unsere Erde bevölkern. Die zweite Hierarchie, die man auch als Hierarchie des Umkreises ansehen kann, leitet mit ihren Lichteskräften die Entwicklung von Ost nach West, während zugleich die Formkräfte aus dem Westen die Feuerkräfte des Ostens formen sollen. In dieser Hinsicht ist bedeutsam, was Rudolf Steiner auf dem West-Ost-Kongress in Wien über das Verhältnis von Wille und Gedanke in Ost und West gesagt hat. «Der West-Wille muss den Ost-Gedanken erkraften und der West-Gedanke den Ost-Willen erlösen.»

In den Prozessen, die hier angedeutet sind, überwindet das durch Christus in die Menschheit einströmende neue Leben den fortwährenden Tod. «In Christo morimur.» «In dem Christus wird Leben der Tod.»

Es ist klar, dass auch durch das Wirken des Heiligen Geistes die Menschheit als solche zum Erwachen gebracht wird. Die erste Offenbarung dieses Wirkens des Heiligen Geistes war das Pfingstereignis: der Geist fing an, differenziert aus den einzelnen Menschen zu sprechen; aber diese Sprache konnte von allen verstanden werden, welchen Völkern und Stämmen sie auch angehörten. Das Pfingstereignis weist auf eine ferne Zukunft hin, in der die Einzelmenschen ganz persönlich vom Geist erfasst sein werden, im höheren Sinn zum Ich geworden; dieser Geist aber und dieses Ich werden sich zugleich als in der Gesamtmenschheit lebend kundgeben.

Der Mensch steigt auf in die dritte Hierarchie, er erhebt sich denkend in die Engelsphäre. In Gemeinsamkeit mit den anderen Menschen betritt er die Erzengelsphäre. Und im Erfassen des Zeitenwesens tritt er ein in die Archaisphäre. Die Grundstein-Meditation richtet sich an die dritte Hierarchie mit den

Worten: «Ihr Seelengeister, lasset aus den Tiefen erbitten, was in den Höhen erhöret wird.» Und die Antwort darauf ist: „Per Spiritum Sanctum reviviscimus.» «In des Geistes Weltgedanken erwachet die Seele.» Man kann auch sagen: die Seele erwacht im Geiste der Menschheit.

Wir haben schon darauf hingewiesen, dass der Grundstein von Rudolf Steiner aus geistigen Höhen heruntergeleitet, von allen Anwesenden in die Herzen aufgenommen wurde, in die Herzen «mit ihrem harmonischen Zusammenwirken, ihrem guten, von Liebe durchdrungenen Willen, gemeinsam das anthroposophische Wollen durch die Welt zu tragen». Somit wurde der Grundstein in jene Substanz hineingelegt, aus der die neue Erde geboren werden soll. Vielleicht kann man noch tiefer in das Verständnis dessen, was gemeint ist, eindringen, wenn man bedenkt, dass Rudolf Steiner anläßlich der ersten Grundsteinlegung von 1913 die ersten Anfänge des Fünften Evangeliums brachte und damals darauf hinwies, dass dieses zu tun habe mit den Kräften, die von dem Monde nach dem Jupiter wirken. Erst in der Grundsteinlegung von 1923 war die Möglichkeit gegeben, das zukünftige Jupiterdasein zu erleben als ein Dasein, in dem eine geistdurchdrungene Menschheit aus dem Geistselbst-Wesen des Einzelmenschen sich bilden wird.

# Rudolf Steiners Hingang

Die Allgemeine Anthroposophische Gesellschaft, die durch die Weihnachtstagung ihre Form erhielt, zeigte eine ganz organische Gliederung. Es wurde schon darauf hingewiesen, wie sich die Landesgesellschaften als autonome Gebilde – nachdem sie sich vorher über ihre Aufgaben klargeworden waren – miteinander zu der Allgemeinen Anthroposophischen Gesellschaft verbanden, um durch diesen Zusammenschluss erst das allgemeine, menschheitliche Ziel erkennen zu können. Dadurch, dass sie sich zusammenschlossen, wurden ihre eigenen Aufgaben in allgemein-menschlichem Sinn vertieft. Eigentlich waren also die Kinder vorhanden, ehe die Mutter geboren wurde. Als dann aber die Mutter in Erscheinung trat, konnten die Kinder an ihrer Wesenheit sich selber erkennen.

Während der Gründungsversammlung zu Weihnachten 1923 hat Rudolf Steiner den Vorstand vorgeschlagen, innerhalb dessen er selbst als Vorsitzender auftrat. Die Versammlung stimmte mit großem Enthusiasmus zu.

Dieser Vorstand war so gedacht, dass er als kleine Gruppe mit Initiativcharakter innerhalb der Gesellschaft stand. «Anthroposophie tun»: das betrachtete er als seine eigenste Aufgabe. Die Funktionäre der verschiedenen Landesgesellschaften hatten sozusagen eine Dauereinladung, die sie befugte, wenn sie in Dornach anwesend waren, sich als beratende, aber auch, wie Rudolf Steiner es ausdrückte, gleichberechtigte Vorstandsmitglieder zu fühlen. Es war für die Zukunft alles auf ein «Wir» hinorientiert. Rudolf Steiner sprach vom Vorstand immer als von einer Ganzheit: «der Vorstand wird» oder «der Vorstand hat». In den Prinzipien wurden die Landesgesellschaften als solche nicht erwähnt, es wurde nur von «Gruppen auf örtlichem und sachlichem Felde» gesprochen. Überall war dieses «Wir» zu finden. Es wurde erwartet, dass die Mitglieder sich überall als Gruppen in neuen Gesellschaftsformen erleben würden. «Die Pflege des Seelischen auf Grundlage einer Erkenntnis der geistigen Welt» war das allgemeine Leitmotiv. Man kann auch sagen, dass durch die Weihnachtstagung ein allgemeiner Appell an jeden Einzelnen erging, sich von nun an *in der Gesellschaft* zu erleben und diese Gemeinschaft bewusst mitzutragen. Und die Grundsteinlegungs-Meditation gab für dieses Erleben den eigentlichen Weg an.

Für die Freie Hochschule kommen noch andere Prinzipien in Betracht. Rudolf Steiner übernahm zunächst, wie er sagte, die Leitung dieser Hochschule. Auf diesem Felde galt es für ihn, als geistiger Lehrer auf den verschiedenen Gebieten des anthroposophischen Lebens zu wirken. Es wurde die erste Klasse von ihm eingerichtet und auch bis zu einem vorläufigen Endpunkt geführt. Mit der esoterischen Gestaltung der verschiedenen Sektionen konnte innerhalb der Medizinischen Sektion ein Anfang gemacht werden. Die Sektionen waren nämlich als solche der ersten Klasse eingegliedert, und nur wer Klassenmitglied war, konnte seiner jeweiligen Sektion angehören.

Es ist klar, dass Rudolf Steiner durch die Tatsache, sich in so intimer Art mit der Gesellschaft zu verbinden, ein ungeheures Opfer brachte. Dass er es tat, war nicht nur für sein eigenes Schicksal, sondern auch für das aller Mitglieder eine geistige Realität von höchster Bedeutung. Wenn der geistige Lehrer sich mit seinen Schülern verbindet, heißt das, dass er auch deren Schicksal auf sich nimmt. Von nun an war es nicht allein die persönliche Bindung von Lehrer zu Schüler, wie sie in sehr vielen Fällen schon vor der Weihnachtstagung bestanden hatte; jetzt nahm darüber hinaus der Lehrer als erster Vorsitzender der Gesellschaft alle Mitglieder in sein eigenes Karma auf.

Der esoterische Zug, der, wie Rudolf Steiner sagte, nunmehr das Ganze durchziehen sollte, hatte zur Folge, dass von jetzt ab alles, was von den Mitgliedern in dieser Hinsicht nicht aufgenommen oder versäumt wurde, sich als unmittelbare Schwierigkeiten auf Rudolf Steiners Lebensweg zeigen musste. Er wollte die Mitglieder dazu bringen, sich selbst und auch die anderen auf dem Hintergrund der geschichtlichen Strömungen, denen sie angehörten, zu erkennen, damit eine wirkliche Brüderlichkeit auch dort entstehen und geübt werden könne, wo starke Gegensätze vorlagen. Allmählich sollte jeder dahin kommen, die geistigen Strömungen kennenzulernen, die in den verschiedenen Mysterien durch Jahrtausende hindurch das Golgatha-Mysterium und seine spätere Auswirkung vorbereitet hatten. Insbesondere wurde in gewaltigen geistigen Bildern dargestellt, was sich innerhalb der geistigen Welt etwa seit dem 12. Jahrhundert ereignet hatte: das geistige Konzil der Hauptvertreter solcher Strömungen, die Michael-Schule und der kosmische Kultus. Klar wurde ausgesprochen, dass sehr, sehr viele von jenen an diesen Geschehnissen teilgenommen hatten, die sich dann später auf Erden in der Anthroposophischen Bewegung zusammenfanden.

Wenn man jetzt, nach vielen Jahren, auf diese unbeschreiblich hohen Offenbarungen zurücksieht und bedenkt, welche Verantwortung die Mitglieder dadurch auf sich nahmen – allein schon durch das Anhören –, und dann bedenkt, dass diese Art und Weise, wie sie sich dazu verhielten, für Rudolf Steiner ganz unmittelbar helfend oder schädigend sein konnte, dann wundert man sich nicht, dass Rudolf Steiner nach einiger Zeit erkrankte. Er selbst wies darauf hin, dass dies nicht durch Überarbeitung, zu viele Vorträge oder Ähnliches veranlasst worden sei; dagegen wohl durch endlose Gespräche. Es kam da zum Ausdruck, dass die Mitglieder nicht innerlich auf seine Impulse antworteten, sondern ihm ihre persönlichen Probleme aufbürdeten. Derartige Gespräche gab es während des Monats September 1924, dem letzten seiner Wirksamkeit unter den Mitgliedern, noch immer zehn bis fünfzehn an jedem Tage, zwischen den vier bis fünf Vorträgen, die er damals täglich hielt.

Wir haben gesehen, wie das Goetheanum in Flammen aufging. Für dieses Goetheanum als Wesen, an der Grenze der physischen und ätherischen Welt gebaut, hatte Rudolf Steiner die formenden Kräfte aus hohen geistigen Welten herabgeholt, und man kann sagen, dass auch die Kräfte seiner eigenen Ätherhülle mithineingebaut waren. Als der Bau seinen Feuertod erlitt, wurden mit dem Werk auch Rudolf Steiners Lebenskräfte getroffen. Man konnte spüren, dass er von da an immer neue Lebenskräfte aus den kosmischen Weiten in sich aufnehmen musste. Während seiner Vorträge konnte er unmittelbar im Geistigen leben und sich aus dem Geistigen erneuern; doch wenn er sich auf dem physischen Plan mit allen möglichen äußeren Problemen oder mit den Menschen mit all ihren Komplikationen auseinanderzusetzen hatte, wurde sein Organismus abgebaut. Wie eine zerbrechliche Hülle war sein Leib seit dem Brande. Wenn diese Hülle Geist-durchstrahlt aufleuchtete, erlebte man die gewaltigen Kräfte seiner geistigen Wesenheit.

Während der Krankheit konnte er nicht mehr wie bisher für die Mitglieder sprechen, doch schrieb er täglich an den Briefen, die dann das Letzte und Höchste enthielten, was er noch zu sagen hatte. Sein Hingang, so wurde schon in der Einleitung dieser Schrift angedeutet, war in das große Mysterium, das wir zu beschreiben versuchten, aufgenommen; er erschien darin als die vierte Phase. Die erste Grundsteinlegung machte den Grundstein sichtbar in physisch-mineralischer Form als doppelten Pentagon-Dodekaeder. Als das Goetheanum emporgewachsen war, wurde es durch seine Formen und Farben zu einem Schulungsweg für das *imaginative* Bewusstsein. Obwohl aus höchsten geistigen Höhen herausgeholt und auf inspirative Weise in Rudolf Steiners Seele neu geboren, zeigte es auf Erden sein Wesen in Bildhaftigkeit, nur für das imaginative Bewusstsein voll erfassbar. Der Grundstein, der 1923 in die Herzen der Menschen gelegt wurde, war das verwandelte Goetheanum selber. Denn die Bilder, emporgetragen durch die Flammen und im Feuer umgewandelt, kamen aus geistigen Höhen im Grundstein-Spruch erklingend zurück, *inspirativ* erlebbar. So wie auf dem ersten Grundstein der Goetheanum-Bau erwachsen war, so sollte jetzt auf diesem zweiten Grundstein die Allgemeine Anthroposophische Gesellschaft erwachsen als eine Gesellschaft, in der die Menschenseele zuhause sein konnte. Rudolf Steiners Hingang war uns ein erschütterndes Zeichen dafür, dass der Einzelne noch nicht imstande war, sich in diese neue Geistgemeinschaft in genügendem Maße hineinzuopfern. So konnte dieser Hingang uns zur Aufgabe werden, das *intuitive* Bewusstsein zu entwickeln.

In der Imagination steigt die Seele auf bis zu den Bildern, die sich geistig offenbaren; aber es haben diese Bilder, obwohl sie geistigen Ursprungs sind, noch eine subjektive Färbung. Man muss die Imaginationen wieder aus der Seele fortschaffen, man muss sie sich, wie Rudolf Steiner sich auch ausdrückte, absuggerieren, um dann im leeren Bewusstsein wach zu bleiben, damit die geistige Welt ihre Inspirationen hineinströmen lassen kann. Um jedoch zu Intuitionen zu gelangen, muss man allen Egoismus überwunden haben, sodass das reine Wollen zum Gefäß wird für das Wollen des Geistes. In der Intuition, so sagte er auch einmal, gibt man sich den Göttern als Speise hin, man lässt sich von ihnen verzehren.

Mit diesen unzulänglichen Worten darf vielleicht auf

die vierte Phase des Mysteriums, das mit dem Grundstein zusammenhängt, hingedeutet werden. Nach Rudolf Steiners Hingang kann es sich nur darum handeln, dass in jedem Einzelnen die geistige Auferweckung des Ich stattfindet, und dass in freiem Zusammenschluss die Wege weitergegangen werden. In diesem Sinn wird man sprechen können von einem Fortwirken der Weihnachtstagung.

# Der Fünfstern und die Christus-Sonne

Fünfmal wird in der «Zeitenwende» das Licht erwähnt: Welten-Geistes-Licht, taghelles Licht, Licht, das erwärmet, Licht, das erleuchtet, und göttliches Licht. Man kann diese fünf Licht-Worte als einen fünfstrahligen Stern, eine Art Licht-Pentagramm ansehen, das aus göttlichen Höhen «in den irdischen Wesensstrom» eingetreten ist.

Wenn man weiß, dass Rudolf Steiner immer betonte, in mantrischen Sprüchen habe jedes Wort seine ganz präzise Bedeutung, so fragt man sich, was in diesen fünf Licht-Worten zum Ausdruck kommt. Es ist klar, dass fünf verschiedene Licht-Qualitäten angesprochen sind. Was kann es z. B. bedeuten, dass das «Welten-Geistes-Licht» in den irdischen Wesensstrom eintritt? Damit wird doch wohl hingewiesen auf das Licht des Heiligen Geistes, das Licht der göttlichen Sophia. Man erinnert sich, dass Rudolf Steiner sagte, die Mutter des nathanischen Jesus habe mit ihrem wahren Namen Sophia geheißen. Diese Sophia trat in den irdischen Wesensstrom.

Der Spruch besagt weiterhin, das Nachtdunkel habe ausgewaltet und taghelles Licht erstrahlte in Menschenseelen. Damit kommt wieder eine ganz bestimmte Qualität des Lichtes zum Ausdruck: das taghelle Licht, das in der Menschenseele wirken soll, ein Licht also, das ein neues Bewusstsein weckt; das Bewusstseinslicht, das von Michael ausstrahlt.

Dann wird das Licht genannt, das die armen Hirtenherzen erwärmet – daneben das Licht, das die weisen Königshäupter erleuchtet.

Diese beiden Licht-Qualitäten kennen wir bereits aus den Beschreibungen der Evangelien, die von Rudolf Steiner erläutert worden sind. Das erste Licht ist dasjenige, das die Hirten auf dem Felde sahen, es ist ein himmlisches Licht, in dem die Buddha-Wesenheit erglänzt, der Nirmanakaya des Buddha. Das zweite, das die weisen Königshäupter erleuchtet, ist das Licht des Zarathustra, der Zarathustra-Stern. Wir wissen, dass die drei Könige aus dem Morgenland ihrem geistigen Wesen nach Schüler Zarathustras waren, und dass Zarathustra es ist, der sie jetzt nach Palästina führt.

Das fünfte Licht ist das «göttliche Licht». Dieses Licht hat eine ganz besondere Qualität, die nur dadurch zum Ausdruck gebracht werden kann, dass man sie als «göttlich» anspricht, denn es ist das Licht der Ur-Seele der Menschheit, die nathanische Wesenheit selber, die Licht-Seele sozusagen, die unberührt vom Sündenfall in der göttlichen Welt aufbewahrt worden ist – in der Mutter-Loge der Menschheit –, damit sie in der Zeitenwende sich auf Erden inkarnieren und Träger der Christus-Wesenheit werden konnte. Erst nachdem diese fünf Licht-Qualitäten genannt worden sind, erscheint die Totalität, die Christus-Sonne, die alle fünf in sich trägt.

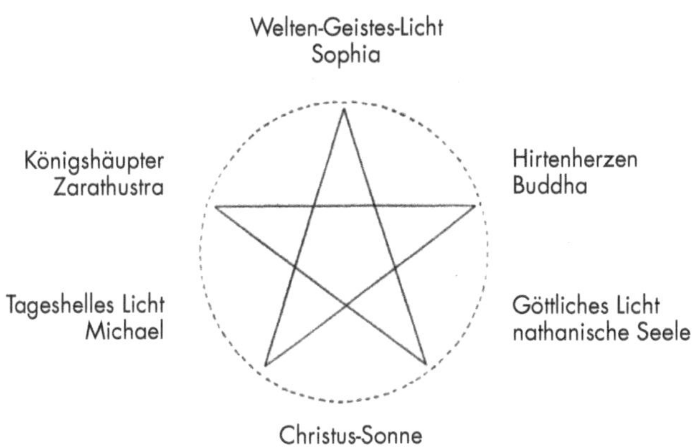

Rudolf Steiner hat uns ermöglicht, diese ganze, allumfassende Christus-Wesenheit zu verstehen. Sein Weg, den er selber ging, hat ihn von der Welt des naturwissenschaftlichen, philosophischen Denkens zu immer tieferer Verinnerlichung gebracht, bis er, wie er es ausdrückt, «in innerster, ernstester Erkenntnisfeier» vor dem Mysterium von Golgatha gestanden hat. Seine Beziehung zu der Christus-Wesenheit hängt mit keinem Glaubens-Bekenntnis zusammen, es ist ihm urpersönliches Erlebnis. Deshalb auch konnte er erkennen, was wie ein offenbares Geheimnis schon in den Evangelien steht, nämlich die Tatsache der beiden Jesus-Knaben. Aus seiner eigenen geistigen Forschung ging ihm die große Bedeutung der Zarathustra-Wesenheit auf, die sich im salomonischen Jesus-Knaben verkörperte, und die Wirkenstat des Buddha im Zusammenhang mit der Geburt des nathanischen Jesus. Auch die Wesenheit Michaels, den er als das Antlitz des Christus beschreibt, konnte auf diese Weise klar von ihm erkannt werden. Die umfassende Bedeutung der göttlichen Sophia hat er uns wiederholt dargestellt.

Durch Rudolf Steiner also wurde es möglich, all dasjenige, was er vom Umkreis der Welt bis zum innerlichsten Kern geführt hatte, wieder ausstrahlen zu lassen auf alle Wissensgebiete wie auch auf das Künstlerische und Soziale. Er lehrte verstehen, dass die Christus-Wesenheit eine alles durchdringende und alles umfassende Wirklichkeit ist, deren unendliche Größe man erst in künftigen Zeiten erfassen wird.

In der Grundstein-Meditation finden wir auch die drei Rosenkreuzer-Sprüche. Sie sind im Zusammenhang mit ihr noch nicht erwähnt worden. Vielleicht darf darauf hingewiesen werden, dass in der «Fama Fraternitatis» erzählt wird, hundert Jahre nach Christian Rosenkreuz' Tod sei sein Grab gefunden worden, und als man es öffnete, lag darin sein unversehrter Leichnam. In der Hand hielt Christian Rosenkreuz ein kleines Buch mit der kurzen Beschreibung seines Lebens und seiner Lehre. Die Überschrift des letzten Kapitels lautete: «Granum pectori Jesu insitum» – ein Samenkorn im Herzen Jesu. Die drei Sprüche über Geburt, Tod und Auferstehung sind in gewissem Sinn das intimste christliche Geheimnis. Von Christian Rosenkreuz kann man sagen, dass er den umgekehrten Weg Rudolf Steiners ging: ganz aus dem Innern heraus kam er nach außen; aus seinem Innersten drang er vor zur Welterkenntnis, um dann diese Welterkenntnis wieder zu verinnerlichen. Das ist der rosenkreuzerische Weg. Beide, Rudolf Steiner und Christian Rosenkreuz, führen die Christus-Sonne zu uns, aber ihre Arbeitsweisen – von außen nach innen und wieder nach außen führend, oder von innen nach außen und wieder zur Verinnerlichung führend – durchdringen sich fortwährend, wie eine zart-rötliche und zart-bläuliche Farbe, die in der Durchdringung das Pfirsichblüt, die Farbe des Ätherischen, ergeben, in dem die Christus-Sonne für uns aufleuchtet.

# Die neue Isis

Das Bild des Menschheitsrepräsentanten, die Mitte haltend zwischen Luzifer und Ahriman, hätte unter der kleinen Kuppel des ersten Goetheanum so aufgestellt werden sollen, dass jeder, der vom Westportal in den Bau eintrat, hätte empfinden können: Christus tritt ihm entgegen.

Die Metamorphose dieser Statue in der Grundstein-Meditation kam durch den vierten Hauptteil «In der Zeitenwende» zum Ausdruck. Hier wird gesprochen vom Welten-Geistes-Licht, vom göttlichen Licht, von der Christus-Sonne. Ahriman und Luzifer werden nicht erwähnt; hier sind sie schon überwunden. Das «Licht, das erwärmet die armen Hirtenherzen», ist, wie wir schon sahen, nicht das luziferische Licht, das die Herzenskräfte des Menschen als eine verzehrende Flamme über sein Haupt hinaussteigen lässt. Und das Licht, das «erleuchtet die weisen Königshäupter», ist ebenso wenig das kalte Weisheitslicht, in dem Ahriman wie in einem Netz gefangen liegt.

Die Statue, so sagte Rudolf Steiner in einem Vortrag[20], birgt noch ein weiteres Geheimnis. Dieses Standbild sei im Grunde genommen nur der Schleier vor einem unsichtbaren Standbild. Das unsichtbare Standbild ist die neue Isis, die Isis eines neuen Zeitalters. Nicht die Zusammenstellung des Menschheitsrepräsentanten mit Luzifer und Ahriman «bedeute» die Isis, betonte er, sondern die Gestalten, aus welchen die Gruppe sich zusammenstellt, sind das, als was sie sich geben; doch hinter ihnen ist das reale Wesen, die neue Isis, die schlafende Isis. Und er sprach von dem wirklichen, tieferen Standbild, auf dem man die Aufschrift sehen könne, ebenso deutlich wie einst die Aufschrift auf dem verschleierten Bilde zu Saïs, die gelautet hat: «Ich bin das All, ich bin die Vergangenheit, die Gegenwart und die Zukunft. Meinen Schleier hat noch kein Sterblicher gelüftet.» Heute stehe zu lesen: «Ich bin der Mensch, ich bin die Vergangenheit, die Gegenwart und die Zukunft. Meinen Schleier sollte jeder Sterbliche lüften.»

Der Vortrag, in dem dieses enthalten ist, bringt in erzählender Form die neue Osiris-Isis-Mythe, wie Rudolf Steiner sie nannte. Sie lässt sich nicht referierend wiedergeben, denn die Art, wie er da in Andeutungen und imaginativen Bildern spricht, ist nur in seinen eigenen Worten zu fassen. Es sei nur so viel davon angedeutet, dass die Beziehung verstanden werden kann zwischen der Metamorphose der Aufschriften über dem Isis-Bild und der Grundstein-Meditation.

Rudolf Steiner spricht davon, dass im Lande Philisterium auf einem geist-einsamen Hügel ein Bau stand, der im Sinne Goethes ein offenbares Geheimnis darstellte. Alle konnten hineingehen, aber weitaus die Mehrzahl der Besucher sah gar nichts. Für den Mittelpunkt des Baues war ein Standbild vorgesehen. Ein Besucher kam und nahte sich der schlafenden Gestalt der neuen Isis viele Male. Die neue Isis bekam einen Sprossen, und sie hielt den Besucher, den sie liebte und für ihren besonderen Wohltäter hielt, für den Vater dieses Sprossen. Auch der Besucher hielt sich – zu unrecht – für den Vater. Er war der neue Typhon, der glaubte, seine Macht in besonderer Weise vermehren zu können, wenn er sich der neuen Isis bemächtigte. Diese hatte ihren Sprossen durch verschiedene Gegenden der Welt geschleppt, und durch die Gewalt der Welt selber zerfiel er in vierzehn Stücke. Der neue Typhon suchte die vierzehn Stücke zusammen und machte «mit allen Kenntnissen der naturwissenschaftlichen Tiefgründigkeit» aus ihnen ein Wesen, in dem nur mechanische, maschinenmäßige Gesetzmäßigkeit herrschte. Das Wesen mit dem Schein des Lebens konnte sich nun wiederum vervierzehnfachen, und

Typhon gab jedem der Stücke einen Abglanz seiner eigenen Wesenheit, «sodass jedem der vierzehn Sprossen der neuen Isis ein Antlitz ward, das dem neuen Typhon glich». Die Isis schaute ahnend all die Wunder. Sie war sich bewusst, dass sie selbst es war, die all das herbeigeführt hatte, «aber es kam ein Tag, da konnte sie ihn in seiner wahren Gestalt, in seiner echten Gestalt von den Händen einer Reihe von Geistern, die Elementargeister der Natur waren, entgegennehmen». Hellseherisch erlebte sie in diesem Augenblick, dass sie noch die Kuhhörner aus dem alten Ägypten hatte, aber die Kraft ihrer Hellsichtigkeit rief den Typhon selbst herbei (einige sagen den Merkur), und er gab ihr eine Krone an dieselbe Stelle ihres Hauptes, wo einstmals die alte Isis jene goldene Krone getragen hatte, die ihr von Horus herabgerissen worden war. Die Krone aber, die sie jetzt bekam, war aus eitlem Papier, «beschrieben mit allerhand tiefgründiger Wissenschaftlichkeit». – «Durch die Kraft ihrer Hellsichtigkeit ging ihr eines Tages auf die tiefe Bedeutung, die das Zeitalter erreichen konnte, desjenigen, was im Johannes-Evangelium als der Logos bezeichnet wird. Es ging ihr die johanneische Bedeutung des Mysteriums von Golgatha auf. Durch diese Kraft ergriff die Macht der Kuhhörner die papierene Krone und wandelte sie in eine wirkliche Gold-Krone aus echter Weisheit.»

Diese neue Osiris-Isis-Mythe wird man durch beharrliche meditative Übung allmählich als eine große Offenbarung über das Wirken des Heiligen Geistes entgegennehmen können.

Das Wesen von Osiris und Isis, so wie es in den alten Mysterien lebte, weist auf Urzeiten der Erdentwicklung zurück. Dieses Götterpaar wurde ursprünglich als in der Fixsternwelt wirkend erlebt, in der Richtung, wo Sirius und Orion am Himmel standen, und es kann sein, dass die alten ägyptischen Eingeweihten diese Stelle am Himmel als eine Art Tor ansahen, durch das der göttliche Geist seine Kräfte in unser Sonnensystem hereinsenden konnte. Eine spätere Periode brachte Isis und Osiris mit Sonne und Mond in Verbindung. Wiederum später, im Zeitalter der Elementenweisheit, führte die Einweihung durch die Elemente hindurch bis in die Sphärenharmonie, aus der heraus Isis als Weltenmutter erschien, Osiris als Logos aus sich herausgebärend. Es ertönte das Weltenwort.[21]

Seit dem Jahr 1322 v. Chr. etwa konnte das Geboren-Werden des Osiris nicht mehr erlebt werden. Das imaginative Bewusstsein, das bis dahin noch den Menschen geeignet hatte, ging verloren. Die Zeit kam, in welcher der Mensch durch seine Sinnesorgane die äußere Welt wahrnahm. Diesen Verlust des imaginativen Bewusstseins schilderte die Osiris-Isis-Mythe, die die ganze ägyptische Kultur durchdrang. Es kam in ihr die ganze Tragik der Eingeweihten zum Ausdruck, die das Sterben des Sonnengottes erlebten. Es entsteht die Mythe von Osiris als dem König und Lehrer, der von Typhon getötet und in einem Sarg geborgen wurde. Den Sarg trug der Nil davon und wurde von der Isis in Biblos in Phönizien wiedergefunden. Aus Phönizien aber kamen die Schriftzeichen, die toten Buchstaben, die nunmehr die Sprache des Imaginativen ablösen sollten. Osiris ist seit dieser Zeit als Richter der Toten in der Unterwelt. Doch befruchtet er Isis durch einen Lichtstrahl, und durch diesen Lichtstrahl wird das Horus-Kind geboren. Als Horus herangewachsen ist und erfährt, dass Isis den Typhon freigelassen hat, riss er ihr im Zorne die Sternenkrone vom Haupte und gibt ihr an deren Stelle die Kuhhörner.

In seiner neuen Osiris-Isis-Mythe will Rudolf Steiner wohl darauf hindeuten, dass jetzt, im Zeitalter der Bewusstseinsseele, wo wir die ägyptische Kulturperiode im Zeitenrhythmus wiederholen, das imaginative Bewusstsein neu erworben werden muss, und zwar im Durchgang durch eine Reihe von Illusionen, die im Zeitalter der wissenschaftlichen «Tiefgründigkeit» von der menschlichen Seele Besitz ergriffen haben. Auch die schlafende Isis, das in dem Menschen schlummernde Wesen der wahren Menschheit, ist diesen Illusionen unterlegen. Aber die Kraft des Mysteriums von Golgatha wirkt durch die unbewussten Kräfte der Seele hindurch und gewährt die Möglichkeit zu verstehen, was es heißt, wenn im Johannes-Evangelium gesagt wird: Im Anfang war das Wort. «Die Kraft des Wortes, die Kraft des Logos, muss aber wieder ergriffen werden.» In einem Zeitalter, das in Abstraktionen lebt, in dem die Vorstellungen nur noch als tote Gedanken existieren, wird man erst fortschreiten können, wenn man die wirklich schöpferischen Kräfte des Wortes in neuer Verinnerlichung erleben lernt.

Die Aufschrift der Statue, in der die neue Isis verschleiert lebt, heißt: «Ich bin der Mensch, ich bin die Vergangenheit, die Gegenwart und die Zukunft. Meinen Schleier soll jeder Sterbliche lüften.» Deutlich ist es gesagt: die Isis ist der Mensch; aber der Mensch, der aus dem Geiste heraus wiedergeboren ist, im Sinne dessen, was Christus zu Nikodemus von dem wiedergeborenen Menschen sagt.

Zu dieser Wiedergeburt aus dem Geiste zeigt die Grundstein-Meditation unmittelbar die Wege. «Ich bin der Mensch.» Wer dieser Mensch ist, besagen uns die drei Teile der Sprüche, die mit «Menschenseele» beginnen, der Menschenseele, so wie sie lebt in den drei Teilen des dreigliedrigen Organismus. – Darauf folgt: «Ich bin die Vergangenheit, ich bin die Gegenwart, ich bin die Zukunft.» In der Grundstein-Meditation folgen da die drei Übungen, durch die das Ich sich in Vergangenheit, Gegenwart und Zukunft erleben kann. – «Meinen Schleier sollte jeder Sterbliche lüften.» Die Möglichkeit dies zu tun, das heißt, den Menschen zu erkennen seinem göttlichen Ursprung nach, ist jetzt gegeben, «denn ...» und nun folgen die drei großen kosmischen Abschnitte der Grundsteinlegung, durch die das Menschenwesen gezeigt wird, so wie es in der

Dreieinheit urständet und durch die Hierarchien seine Verwirklichungsmöglichkeiten auf Erden findet.

So kann der wahrhafte Mensch in uns geboren werden als Wesen, als Anthroposophia, als ein Wesen, das in individueller Art Träger ist des alldurchdringenden Geistes.

In der Grundstein-Meditation wird gesagt, dass die Elementargeister die gewaltigen Botschaften der Hierarchien bereits hören, dass sie auch das göttliche Licht und die Christus-Sonne erklingen hören. Aus dem Ätherischen heraus, aus dem Elementarisch-Ätherischen, wird die Geist-Grundlage gebildet, in der die wahre Gestalt des zukünftigen Menschen wird leben können. Isis, so sagt die neue Mythe, erhielt ihren Sohn in seiner wahren Gestalt von den Elementargeistern wiedergeschenkt.

Dieser Hinweis auf das Bild des zukünftigen Menschen soll unsere Betrachtung abschließen. Erst erahnen lässt sich heute, wie der Mensch einst als Träger des Welten-Ich in Erscheinung treten wird; doch eine Weiterentwicklung der Seelenkräfte wird uns zur gegebenen Zeit das vollendete Menschenbild mit Geistesaugen schauen lassen.

Menschenseele!
Du lebest in den Gliedern,
Die dich durch die Raumeswelt
Im Geistesmeereswesen tragen:
Übe *Geist-Erinnern*
In Seelentiefen,
Wo in waltendem
Weltenschöpfer-Sein
Das eigne Ich
Im Gottes- Ich
Erweset;

Und du wirst wahrhaft *leben*
Im Menschen -Welten -Wesen.

Denn es waltet der Vater-Geist der Höhen
In den Weltentiefen Sein-erzeugend.
Seraphim, Cherubim, Throne,
Lasset aus den Höhen erklingen,
Was in den Tiefen das Echo findet;
Dieses spricht:
Ex deo nascimur.
Das hören die Elementargeister
Im Osten, Westen, Norden, Süden;
Menschen mögen es hören.

Menschenseele!
Du lebest in dem Herzens-Lungen-Schlage,
Der dich durch den Zeitenrhythmus
Ins eigne Seelenwesensfühlen leitet:
Übe *Geist-Besinnen*
Im Seelengleichgewichte,
Wo die wogenden
Welten-Werde-Taten
Das eigne Ich
Dem Welten-Ich
Vereinen;
Und du wirst wahrhaft *fühlen*
Im Menschen-Seelen-Wirken.

Denn es waltet der Christus-Wille im Umkreis
In den Weltenrhythmen Seelen-begnadend:
Kyriotetes, Dynamis, Exusiai,
Lasset vom Osten befeuern,
Was durch den Westen sich gestaltet;

Dieses spricht:
In Christo morimur.
Das hören die Elementargeister
Im Osten, Westen, Norden, Süden;
Menschen mögen es hören.

Menschenseele!
Du lebest im ruhenden Haupte,
Das dir aus Ewigkeitsgründen
Die Weltgedanken erschließet:
Übe *Geist-Erschauen*
In Gedanken-Ruhe,
Wo die ew'gen Götterziele
Welten-Wesens-Licht
Dem eignen Ich
Zu freiem Wollen
Schenken;
Und du wirst wahrhaft *denken*
In Menschen-Geistes-Gründen.

Denn es walten des Geistes Weltgedanken
Im Weltenwesen Licht-erflehend:
Archai, Archangeloi, Angeloi,
O lasset aus den Tiefen erbitten,
Was in den Höhen erhöret wird;
Dieses spricht:
Per spiritum sanctum reviviscimus.

[Das hören die Elementargeister
Im Osten, Westen, Norden, Süden:
Menschen mögen es hören.]

In der *Zeiten Wende*
Trat das Welten-Geistes-Licht
In den irdischen Wesensstrom;
Nacht-Dunkel
Hatte ausgewaltet,
Taghelles Licht
Erstrahlte in Menschenseelen;
Licht,
Das erwärmet
Die armen Hirtenherzen;
Licht,
Das erleuchtet
Die weisen Königshäupter.

Göttliches Licht,
Christus-Sonne,
Erwärme
Unsere Herzen;
Erleuchte
Unsere Häupter;
Dass gut werde,
Was wir aus Herzen gründen,
Aus Häuptern
Zielvoll führen wollen.

Der vorstehende Wortlaut der Grundstein-Meditation ist entnommen aus: Rudolf Steiner: *Die Weihnachtstagung zur Begründung der Allgemeinen Anthroposophischen Gesellschaft 1923/1924*, GA 260, Dornach [5]1994, wo die während der Weihnachtstagung täglich vermittelten «Rhythmen» enthalten sind. Er wurde am 1. Januar 1924 gesprochen.

# Frederik Willem Zeylmans van Emmichoven und sein Buch über den Grundstein

## Nachwort von Harrie Salman

Der niederländische Arzt Frederik Willem Zeylmans van Emmichoven war 30 Jahre alt, als er 1923 an der Weihnachtstagung der Anthroposophischen Gesellschaft in Dornach teilnahm. Er war seit November 1923, auf Empfehlung von Rudolf Steiner, Generalsekretär der Anthroposophischen Gesellschaft in den Niederlanden. Seine Teilnahme an der Weihnachtstagung war von entscheidender Bedeutung für sein weiteres Leben. Diese Tagung war für ihn ein Mysteriengeschehen, in dem der Keim für die eigentliche moderne Einweihung gelegt wurde, die jeder einzelne Mensch für sich selber durchmachen soll, wie er in der Einleitung zu seinem Buch über den Grundstein schreibt. Durch diese Einweihung kann jedes Menschen-Ich sich darauf vorbereiten, ein Träger des Menschheits-Ich zu werden. In diesem Sinne betrachtete Zeylmans die Weihnachtstagung als ein «Kind des Mysteriums von Golgatha».

Mit seinem Buch *Der Grundstein*, das er 1956, also 33 Jahre später, in deutscher Sprache verfasste, wollte Zeylmans den Mitgliedern der Anthroposophischen Gesellschaft helfen, die welthistorische Bedeutung der Weihnachtstagung zu verstehen. Dieses Buch bereitete gleichsam den Boden, auf dem später wichtige andere Schriften zur Weihnachtstagung entstanden sind, wie *Die Weihnachtstagung als Zeitenwende* von Rudolf Grosse aus dem Jahr 1976 und die 1986/87 gehaltene Vortragsreihe *Geistesschulung und Lebenspraxis – Die*

*Grundstein-Meditation als Zukunftsimpuls* von Jörgen Smit, die 1987 als Buch erschien.

Zu diesen grundlegenden Werken gehören auch die drei Schriften von Valentin Tomberg (1900–1973), die schon 20 Jahre vor Zeylmans Buch zwischen 1936 und 1939 verfasst wurden.[1] Sie sind 1992 als *Die Grundsteinmeditation Rudolf Steiners* erschienen. Diese Studien sind die ersten anthroposophischen Werke, die sich mit der Bedeutung des Grundsteines befassen. Tomberg, der in St. Petersburg in einer Familie estnischer Immigranten geboren wurde, hatte seit 1917 die Schriften Rudolf Steiners studiert, wurde 1925 Mitglied der Anthroposophischen Gesellschaft und 1927 Klassenmitglied. Seit 1918 lebte er in Estland, zwischen 1938 und 1944 in den Niederlanden, und später in Deutschland und England.

Auf einer Tagung in Helsinki, in der Marie Steiner alle Klassenstunden las, hielt Tomberg 1931 einen Vortrag über die Grundsteinmeditation. Wie er 1936 im Vorwort seiner ersten Schrift zu dieser Meditation schrieb, betrachtete er sie schon seit 1925 als «den Grundstein aller anthroposophischen Arbeit».[2] Seine Studien zum Grundstein entstanden nach Anregung durch Elisabeth Vreede. Der erste Teil über die Resultate der Arbeit mit dem Grundstein und der zweite über die Vertiefung des inneren Lebens durch den Grundstein wurden noch in Tallinn geschrieben, den dritten Teil über die Grundsteinmeditation als Enthüllung des wahren Verhältnisses zwischen Mensch und Natur hat er 1939 in Rotterdam verfasst.

Diese Schriften wurden in den Kreisen um Ita Wegman und Elisabeth Vreede verbreitet, und Zeylmans hat sie sehr wahrscheinlich auch gelesen. Er hatte 1929 auf einer Vortragsreise durch Nordeuropa Estland besucht und eine Begegnung mit Tomberg gehabt, der damals Vize-Vorsitzender der estnischen Anthroposophischen Gesellschaft war. Als

Tomberg auf seinen von Elisabeth Vreede unterstützten Vortragsreisen 1937 und 1938 in Holland war, kam er wieder mit Zeylmans in Verbindung. Tomberg gehörte 1935 zwar nicht zu den ausgestoßenen Anthroposophen, aber er war 1937 aus der Dornacher Gesellschaft ausgetreten und hatte sich den Freien Anthroposophischen Gruppen angeschlossen, zu denen auch Zeylmans gehörte.

Im Jahre 1938 ließ Tomberg sich in den Niederlanden nieder, wo sich bald die unterschiedlichen Arbeitsweisen von Zeylmans und Tomberg abzeichneten und zu einer gewissen Spaltung führten. Tomberg hatte in der niederländischen Landesgesellschaft, die von Zeylmans geleitet wurde, alle Freiheit bekommen, Vorträge zu halten und Kurse zu veranstalten. Um ihn herum scharten sich nun Menschen, die sich wohlfühlten in seiner platonischen, christologischen und am Schulungsweg orientierten Arbeit, die in einer russisch-warmen Atmosphäre stattfand. Die aristotelisch geprägte und an den Arbeitsfeldern orientierte Arbeit von Zeylmans erlebten sie dagegen als kühl.

Als Tomberg schließlich über die okkulten Hintergründe des Nationalsozialismus und über vorige Inkarnationen von Mitgliedern seiner Gruppe sprach und andere niederländische Anthroposophen davon erfuhren, brachte das Unruhe in die Gesellschaft. Zeylmans wies ihn dann in einem Gespräch, das Ende April oder Anfang Mai 1940 stattgefunden hat, darauf hin, dass er die praktische Arbeit in den Arbeitsfeldern, mit der Tomberg keine Verbindung hatte, als die wichtigste Aufgabe der Anthroposophie in den Niederlanden betrachtete. Deshalb und aus weiteren Gründen legte er Tomberg nahe, sich aus der anthroposophischen Arbeit zurückzuziehen, was dieser auch getan hat.[3]

Tomberg ging im Folgenden seinen eigenen Weg und betrachtete die anthroposophische Bewegung als gescheitert. Zeylmans dagegen war der Meinung, dass die Impulse der

Weihnachtstagung, trotz des frühen Hingehens von Rudolf Steiner und des Zusammenbruches der Anthroposophischen Gesellschaft, auch nach dem Zweiten Weltkrieg weiterwirkten. Er setzte sich, zusammen mit anderen führenden Anthroposophen wie Emil Bock und Karl König, für die Erneuerung der Anthroposophischen Gesellschaft ein. Dazu wurden 1948 zwei internationale Treffen abgehalten. Zeylmans sprach seitdem über «das Fortwirkende der Weihnachtstagung».[4] Damit hat er einen Begriff geprägt, der diejenigen aktiven Anthroposophen vereinte, die sich als Träger ihrer Impulse betrachteten.

Der Zusammenbruch der Anthroposophischen Gesellschaft 1935 war für diese Menschen eine Katastrophe, welche die Wirksamkeit der Anthroposophie in der Welt immer noch schwer belastete und zu Problemen geführt hatte, die gelöst werden mussten. Seit dem Tod Rudolf Steiners war die Dornacher Gesellschaft um Marie Steiner herum vor allem damit beschäftigt gewesen, die Anthroposophie zu konservieren, während die Kreise um Ita Wegman die Erneuerung der Mysterien in Gestalt einer praktisch werdenden Anthroposophie voranbringen wollten. Es war Zeylmans Absicht, die derart gespaltene Gesellschaft wieder zu der gemeinsamen Quelle hinzuführen, die in der Weihnachtstagung von Rudolf Steiner geöffnet wurde.

Aus dieser Motivation heraus ist 1956 sein Buch *Der Grundstein* entstanden. Zeylmans vertraute auf dem Rhythmus von etwa 33 1/3 Jahren, den ein spiritueller Impuls braucht, um sich schrittweise zu verwirklichen.[5] Die Zeit von 1923 bis 1956 bildete die erste Phase. Die zweite erstreckte sich von 1956 bis 1989 und führte zu einer gewissen Kulmination der Anthroposophie in den 1980er-Jahren. Die dritte Phase wird 2023 abgeschlossen sein und sollte zu einer Erneuerung des anthroposophischen Impulses führen, damit die Anthroposophie in ihrem zweiten Jahrhundert inspirierend in der Weltkultur wirksam sein kann.

Die Bücher von Tomberg und Zeylmans haben einen unterschiedlichen Charakter. Tomberg beschreibt drei Aspekte, welche die Bedeutung der Grundsteinmeditation für das Verhältnis des Menschen zur geistigen Welt, für die Gründung einer wahren Gemeinschaft und für unsere Beziehung zu den Naturreichen betreffen. Dies ist eine systematische Darstellung, die man nicht als typisch russisch oder platonisch bezeichnen kann. Zeylmans wiederum entwickelt einen ganz eigenen Zugang zum Grundstein, der unabhängig von Tombergs Buch entstanden ist. Er stellt die Grundsteinmeditation in den großen Kontext der Entwicklung der Anthroposophischen Gesellschaft von 1913 bis 1925 hinein, untersucht die Bedeutung der Meditation und vergleicht den Grundstein mit dem Stein der Weisen. Seine Darstellung findet ihre Kulmination in der Beschreibung der fünf Qualitäten des Lichtes aus dem vierten Teil der Meditation und in der Andeutung des Bildes des zukünftigen Menschen.

Zeylmans hat sich unermüdlich für das Rückgängig-Machen der Ausschließungen von 1935 eingesetzt. Auch dafür wollte er mit diesem Buch die Grundlagen schaffen. Seine Bemühungen führten dazu, dass sich die niederländische Anthroposophische Gesellschaft 1960 der Dornacher Gesellschaft wieder anschloss, und kurz danach die britische Anthroposophische Gesellschaft. Zeylmans konnte jedoch keine Rolle mehr in der vereinten Anthroposophischen Gesellschaft spielen, weil er schon 1961 während einer Vortragsreise in Südafrika gestorben ist.

Das Buch *Der Grundstein*, das hiermit wieder herausgebracht wird, zeigt die esoterische Seite der vielfältigen Tätigkeit von Frederik Wilhelm Zeylmans van Emmichoven. Sein Verständnis der tieferen Hintergründe jener Impulse, die

Rudolf Steiner 1923 auf der Weihnachtstagung in die Welt gebracht hat, kann 100 Jahre später dazu beitragen, diese Impulse besser zu verstehen und in die komplexe Situation unserer Zeit hineinzustellen.

# Anmerkungen

1 Rudolf Steiner: *Esoterische Betrachtungen karmischer Zusammenhänge VI.*, Vortrag vom 18. Juli 1924, GA 240, 1992.

2 Es braucht wohl nicht betont zu werden, dass diese Reihe von Geschehnissen in verschiedener Art aufgefasst werden kann. Dem Verfasser schien es eine Pflicht, sie von seinem Gesichtspunkte aus darzustellen.

3 Rudolf Steiner: *Mantrische Sprüche. Seelenübungen II,* «Ansprache zur Grundsteinlegung des Dorancher Baues am 20. September 1913», GA 268, [2]2015.

4 Ebd.

5 Rudolf Steiner: *Wege zu einem neuen Baustil.* GA 286, [4]2020.

6 Rudolf Steiner: *Der Dornacher Bau als Wahrzeichen geschichtlichen Werdens und künstlerischer Entwicklungsimpulse,* GA 287, [2]1985.

7 Rudolf Steiner: *Entwürfe für die Glasfenster des Goetheanums,* GA K 12, 1961.

8 Rudolf Steiner: *Die Weihnachtstagung zur Begründung der Allgemeinen Anthroposophischen Gesellschaft 1923/1924,* GA 260, [5]1994.

9 «Nun kann aber eine solche Internationale Gesellschaft nur begründet werden zu Weihnachten in Dornach, wenn die einzelnen Ländergesellschaften zuerst zustande gekommen sind und ihre Delegierten nach Dornach schicken. Dann kann aus den Ländergesellschaften heraus die Internationale Anthroposophische Gesellschaft begründet werden.»
«Die Landesgesellschaften selbst, die müssen auf irgendeine Weise zutage treten aus den Statuten. Die Landesgesellschaften werden ja formiert vor der Begründung der Internationalen Gesellschaft in Dornach. Diese Internationale Gesellschaft soll ja erst entstehen auf Grundlage der Landesgesellschaften.»
(Ansprache und Zwischenbemerkungen von Rudolf Steiner bei der Gründungsversammlung der Anthroposophischen Gesellschaft in Holland, 18. November 1923. Erschienen in: Rudolf Steiner:

*Das Schichsalsjahr 1923 in der Geschichte der Anthroposophischen Gesellschaft*, GA 259, 1991.)

10 *Upanishaden*, Übersetzung v. Johannes Hertel, München 1921.

11 Rudolf Steiner: *Mysteriengestaltungen,* 14 Vorträge, 23. November – 23. Dezember 1923, GA 232, [5]1998.

12 «Eines wahren Adepti besondere Geheimnisse von der Alchymie», 1757.

13 Rudolf Steiner: *Die Brücke zwischen der Weltgeistigkeit und dem Physischen des Menschen*, GA 202, [4]1993.

14 Rudolf Steiner: *Mysterienstätten des Mittelalters*, GA 233a, [6]2013.

15 C. G. Jung: *Psychologie und Alchemie*, Jung weist darauf hin, dass Raimundus Lullus als Erster die Lapis-Christus-Beziehung dargestellt hat. Er erwähnt dann noch manche andere wie Khunrath und Jakob Böhme.

16 Rudolf Steiner: *Die Weihnachtstagung zur Begründung der Allgemeinen Anthroposophischen Gesellschaft 1923/1924*, GA 260, [5]1994.

17 Rudolf Steiner: «Das Vaterunser, eine esoterische Betrachtung», in: *Ursprungsimpulse der Geisteswissenschaft,* GA 96, [2]1989.

18 Rudolf Steiner: *Aus der Akasha-Forschung. Das fünfte Evangelium*, GA 148, [6]2014.

19 Rudolf Steiner: *Das Initiatenbewusstsein,* GA 243, [6]2004.

20 Rudolf Steiner: *Mysterienwahrheiten und Weihnachtsimpulse*, Vortrag am 6. Januar 1918, GA 180, [3]2017.

21 Rudolf Steiner: *Die Mysterien des Morgenlandes und des Christentums*, GA 144, [5]2015.

## *Nachwort Harrie Salman*

1 Vgl. Harrie Salman: *Valentin Tomberg und das Schicksal der platonischen Strömung in der Anthroposophie,* Steinbergkirche 2021.

2 Valentin Tomberg: *Die Grundsteinmeditation Rudolf Steiners*, Herdwangen-Schönach 1992, Vorwort zum ersten Teil.

3 Vgl. Harrie Salman: *Valentin Tomberg*, Steinbergkirche 2021 S. 57–60.

4 A. a. O., S. 136f.

5 Vgl. Vortrag vom 23. Dezember 1917 in: Rudolf Steiner: *Mysterienwahrheiten und Weihnachtsimpulse. Alte Mythen und ihre Bedeutung,* GA 180, 1980.

Rudy Vandercruysse

## Herzwege

Von der emotionalen Selbstführung
zum meditativen Leben

ISBN 978-3-7725-3304-4
169 Seiten, kartoniert

Was heißt eigentlich emotionale Intelligenz? Was sagen mir meine Gefühle? Was tue ich, wenn ich wütend bin? Rudy Vandercruysse zeigt anhand von praktischen Übungen, wie die Fähigkeit der emotionalen Selbstführung entwickelt werden kann und dadurch eine Verwandlung und Umkehr des Gefühlslebens möglich wird. Diese neu errungene Fähigkeit kann wiederum Grundlage einer meditativen Tätigkeit werden.

Verlag Freies Geistesleben